KB119632

살아가는 데 꼭 필요한 최소한의 보험상식

INSURANCE

살아가는 데 꼭 필요한 최소한의 보험상식

김용현 지음

원앤원북스

살아가는 데 꼭 필요한
보험의 모든 상식

이 책에서 필자가 17년 동안 영업을 하면서 무수히 많은 설계서를 보고, 상담하고, 계약을 체결하면서, 느낀 점과 보험설계 방향에 관해 이야기를 함께 나누고자 한다.

과연 보험설계는 누구를 위한 설계인가? 너나 할 것 없이 종신보험, CI보험에 가입하고 무조건 100세 만기로 가입하는 게 과연 옳은 일인가? 의료사고 발생 시 나 자신을 보호하기 위한 설계인가, 아니면 설계사의 수당을 위한 설계인가?

보험에 가입할 때는 최소한 어떤 목적으로 보험에 가입해야 하며, 언제 얼마나 준비를 해야 하는지 고민해볼 필요가 있다.

지인의 부탁으로 가입하거나 설계사를 믿고 '알아서 설계해줬겠지'라는 생각으로 보장내용은 확인하지 않고 서명만 하는 그런 보험을 체결하고 있지 않은지 묻고 싶다. 또한 자신에게 맞지 않는 보험에 가입함으로써 기회비용과 보장의 가능성을 상실하고 있는 것은 아닌지 말이다.

이 책을 통해 현실적이고 합리적인 보험설계를 보여주고, 보험료 대비 효율적인 보장을 충족시키며, 자산을 증식하는 데 더 이상 보험료가 방해되지 않도록 설명하고 이해를 돕고자 한다.

살아가는 데 필요한 최소한의 보험상식을 함께 알아보고, 각자 자신에게 맞는 보험을 찾아 효율적으로 이용해보자.

김용현

CONTENTS

지은이의 말 살아가는 데 꼭 필요한 보험의 모든 상식   4

 PART 1

아직 보험에 가입하지 않았다면
알아야 할 최소한의 보험상식

여러 보험, 도대체 왜 가입해야 할까?   13

알면 보험 모르면 모험, 당신의 선택은?   17

당신의 보험은 어떤가? 보험가입의 현주소   21

그래서 보험계약은 어떻게 이루어질까?   26

알쏭달쏭 보험용어를 정리해보자   29

사람들이 착각하고 있는 보험상식   34

사람들이 많이 가입하는 보험 5가지   38

PART 2
지금 보험에 가입한다면 최소한 이것만은 기억하자

보험은 어디에서 가입하면 좋을까?   47

보험가입 전 반드시 확인해야 할 체크리스트   51

보험계약 체결 시 유의해야 할 계약 전 알릴 의무   56

자신에게 맞는 보험에 가입하려면 꼭 알아야 하는 보험의 유형   62

종신보험은 누구에게 또 얼마나 필요한가?   65

건강보험과 보완관계인 CI보험   68

목돈을 마련하려면 보험사의 장기저축보험   70

출산 전 필수! 태아·어린이보험 알아보기   74

100세 만기 태아·어린이보험의 5가지 장점   77

배상책임의 위험을 담보하는 배상책임보험   85

자동차 구입과 동시에 알아야 하는 자동차보험의 모든 것   89

사고로 인한 간접적 비용을 보상하는 운전자보험   95

주요하게 봐야 할 특약에는 어떤 것들이 있을까?   98

할 수 있다! 보험가입 실전 Q&A   107

CONTENTS

PART 3 이미 보험에 가입했다면
효율적 사용법을 알아보자

보험에 따른 보장과 보험금의 지급   119
사고 발생 시 준비서류와 보험금 청구하기   121
보험금을 청구하기 전 보험을 해지했다면 보험금을 받을 수 없을까?   124
보험금 수령 시 분쟁을 막고 싶다면 수익자를 설정하라   127
모르면 손해 보는 보험약관   131
보험증권 꼼꼼히 따져보자   134
사례로 보는 자동차보험 사고처리   137
보험으로 세액공제를? 세액공제가 가능한 보험의 종류   142
갱신형의 장단점, 자신에게 맞는 가입기간을 선택하라   145
그렇다고 갱신형은 무조건 나쁜 걸까?   148
특약에 명시된 갱신형과 재가입의 차이점을 알아보자   152

PART 4 현재 내는 보험료를 줄이고 싶다면
보험 리모델링이 필요하다

보험에서 시작하는 재무설계   157
리모델링 전 확인해봐야 할 보험료 줄이기 팁   161
부담스러운 월 납입보험료를 조정하고 싶다면   167
보험가입 후 리모델링이 필요한 이유   172
뺄 건 빼고 남길 건 남기는 보험 리모델링 필요 전략   177
기존 보험을 점검받고 싶습니다   184
이미 가입한 태아보험을 갈아타야 할까?   191
진단금 위주로 새롭게 구성되는 보험 리모델링   194

PART 5

그래도 보험에 대해 궁금하다면 조금 더 보험을 파헤쳐보자

약관대출과 중도인출, 급전이 필요할 때 보험을 활용하라	201
정기소득이 없는 은퇴자를 위한 보험관리법	204
보험상품의 기능을 활용해 위기를 벗어나라	207
반복되는 보험회사의 4월, 4월 전 보험에 가입하라	211
직업에 따라 보험의 가입형태가 달라진다?	213
할증과 부담보 제도	216
문재인케어, 더 이상 실손보험은 필요치 않은가?	219
혈압약을 복용해도 실비보험에 가입할 수 있을까?	222
보험금이 압류된다고? 당황하지 말자	224
옛날 보험이 정말 좋을까? 한눈에 보는 보장의 변화	227
환급형과 소멸성, 가입 목적에 따라 선택하라	231
보험사의 연금보험은 왜 있을까?	235
변액을 가입해야 하는 이유	239
보험에 가입하려는 사람들에게 전하는 마지막 한 마디	242

PART
1

아직 보험에
가입하지 않았다면
알아야 할
최소한의 보험상식

여러 보험, 도대체 왜 가입해야 할까?

보험이란 미래에 일어날 수 있는 각종 재난이나 사고로부터 경제적 손해를 보상해주기 위한 제도다. 보험은 금융, 물류, 신체 등 우리 사회 전반에 걸쳐 널리 가입이 되어 있다. 어떠한 사고가 발생하더라도 금전적 손해를 최소화하기 위함이다.

일상에서 쉽게 일어날 수 있는 자동차 사고를 예로 들어보자. 사고로 자동차가 상당 부분 손상되었을 경우 수리비 부담은 클 수밖에 없다. 수리비 부담과 사람이 다쳤을 경우 보상을 위해 국가는 보험가입을 법제화했는데, 기본적으로 가입해야 하는 자동차보험책임보험 외에 특약이나 보장한도를 높여 부담을 덜 수 있게 많은 사람들이 자동차 종합보험에 가입한다.

또한 가계 소득의 중심인 가장이 사망한다면 가정의 경제는 파탄에 이를 수도 있다. 이때 종신보험 또는 정기보험에 가입한 상태라면 이러한 문제를 해결하는 데 도움이 될 것이다. 다음 경준 씨의 사례로 조금 더 자세히 알아보자.

일반 회사에 다니는 샐러리맨 경준 씨는 귀여운 5살 딸을 둔 가장이다. 별다른 운동을 하고 있었던 것은 아니지만, 30대 후반으로 자신이 젊고 건강하다고 믿고 있던 경준 씨는 매년 받는 직장인 건강검진에 큰 의미를 두지 않았다. 평소처럼 건강검진을 받은 뒤 2주가 지나 검진결과를 받았을 때, 대부분 정상으로 나온 것도 당연하다고 생각했다.

다만 콜레스테롤 수치가 높고 내장지방 수치도 평균보다 한참 높게 나왔지만, '회사원에게 이 정도 수치는 정상이지. 앉아서 일하는 사람들은 어떨 수 없어'라며 검진결과에 크게 신경쓰지 않았다. '그래도 운동은 조금 해야겠군' 하며 마음만 먹을 뿐이었다.

보통 대중교통을 이용해 출퇴근을 하던 경준 씨는 그날도 업무를 마치고 지하철을 타고 퇴근하는 길이었다. 경준 씨가 이용하는 노선은 출퇴근 시간만 되면 발 디딜 틈 없이 가득 차는 만원 지하철로 유명했는데, 그날도 마찬가지였다. 만원 지하철에 몸을 맡기고 집으로 향하던 중 경준 씨는 가슴에 심한 통증을 느끼며 지하철에서 쓰러지고 말았다. 주변 사람들의 도움을 받아 병원으로 급하게 옮겨졌지만 끝내 숨지고 말았다.

경준 씨를 사망에 이르게 한 병명은 급성심근경색이었다. 혈관을 통해 심장으로 영양분과 산소가 정상적으로 공급되어야 하는데, 정상적으로 공급되지 못해 심장을 보호하고 있는 근육과 세포조직이 괴사함으로서 심장이 멈추는 경우였다. 경준 씨는 건강검진을 통해 콜레스테롤 수치가 높다는 사실을 알고 있었지만, 그에 따른 처방이나 치료가 없었고 운동 또한 전무한 상태였기에 갑작스럽게 심근경색이 왔고 이로 인해 사망하게 되었다.

평소 건강에 자신이 있었던 만큼 경준 씨는 보험을 가입한다거나 보험료를 납부하는 일을 불필요하다고 생각했다. 그러다 보니 회사에서 보장하는 실비 이외의 진단금이나 사망보장은 전혀 준비하지 않은 상황이었다. 병원비야 회사에서 가입된 단체 실손보험으로 처리한다지만, 적지 않은 월수입으로 생활하던 가족의 생계는 앞으로 막막할 수밖에 없다.

가장이라면 실비도 물론 중요하지만 사망 또는 중증질환, 상해사고로 인해 경제활동이 중단될 상황을 감안해 별도의 사망 진단, 후유장해 등 다양한 혜택을 제공하는 보험을 준비하는 것이 좋다.

100세 시대를 맞이해 연금을 마련하지 않고 평탄한 노후를 보낼 수 있는가? 운영하는 회사의 임직원이 크게 다치거나 상해를 입었을 경우, 또는 재해로 인해 회사의 물적재산이 큰 손실을 입게 되었을 경우 금전적으로 아무런 부담이나 문제가 없는가?

　만약 당신이 모두 "네"라고 답했다면 보험은 필요 없다. 하지만 모든 준비가 완벽한 사람은 세상에 단 한 명도 없을 것이다. 그렇기에 어느 위치, 어떤 목적으로든 보험을 준비해야 하며, 준비할 수밖에 없다.

알면 보험
모르면 모험,
당신의 선택은?

우리가 보험에 가입할 때 어떤 경로로, 어떻게, 누구에게 가입하느냐가 매우 중요하다. 요즘에는 보험가입의 채널 다각화로 설계사들을 쉽게 접할 수 있지만, 그럼에도 아직까지는 지인이나 지인의 소개로 보험에 가입하는 경우가 많다. 이러하다 보니 보험의 보장내용이나 보장기간 등을 꼼꼼히 살피기보다는 설계사의 말만 믿고 가입하는 사람들이 생긴다.

문제는 이 과정에서 고객을 위하기보다는 설계사 자신의 업적을 위해 영업하는 설계사들이 있다는 것이다. 모든 설계사가 그런 것은 아니지만 솔직히 없다고 말할 수도 없다. 아니 자기이윤을 위해 고객이 아닌 설계사 본인에 맞춰 보험을 설계하는 경우가 더 많다고 생각한다. 당연히 보험은 고객이 제대로 된 보장을 받고자 가입하는 것이 아니라 설계사를 먹여살리기 위한, 설계사를 위한 가입이 되고 만다.

보험은 과자나 옷처럼 정형화된 물건을 구입하는 것이 아니라 의료사고 발생 시 금전적 손해를 막고자 준비하는 금융상품이며, 그 납입기간 또한 긴 장기상품이다. 많은 사람들이 가입하니까, 막연하게 좋으니까 가입한다는 생각으로 구매해서는 안 되는 상품이니만큼 꼼꼼히 알아보고 준비해야 한다. 이것이 자신의 자산을 지키고 늘려가는 가장 기초가 되는 방법이다.

필자는 보험설계사로서 무수히 많은 고객들을 만나는데, 그중에 특히 결혼 전 보험에 가입한 고객들을 결혼 후 만나는 경우도 많다. 남자들이야 결혼 전 종신보험에 가입했다면 어린 나이에 일찍 저렴한 보험료로 잘 준비했다고 할 수 있다. 하지만 여성의 경우는 조금 다르다. 결혼 전 종신보험에 가입할 필요성도 현저히 떨어질 뿐 아니라, 결혼 후 전업으로 집에서 가사와 육아를 하고 있는 상황에서 높은 보험료를 계속해서 납부하는 일은 가계 지출에 큰 부담이 아닐 수 없다.

지인의 소개를 통해 만난 미선 씨가 바로 이런 상황이었다. 미선 씨는 대학을 마치고 막 사회생활을 시작하면서 엄마 친구의 권유로 보험에 가입했다. 가입한 보험은 55세납, 보험료 13만 원 정도의 D사 CI종신보험으로, 주계약 1억 원에 재해보장과 입원특약 전부였다.

그러던 미선 씨는 결혼 후 실비보험을 추가로 가입하면서 보험료가 8만 원 증가해, 미선 씨 개인의 보험료로만 21만 원을 납부하고 있었다. 결혼 전에는 전혀 부담스러운 금액이 아니었는데, 전업으로 아이를 키우는 입장에서 배우자의 소득만으로는 생활하게 되니 매우 부담스럽게 느껴지는 금액이었다. 그래서 결혼 전 가입한 CI종신보험을 재검토하기로 했다.

32살이 된 미진 씨가 55세납 보험을 유지하려면 앞으로도 23년을 납부해야 한다. 그래서 CI종신보험을 과감히 해지하고 실비보험에서 부족한 암·뇌혈관·허혈성진단금·질병후유장해를 새롭게 추가 보완해 설계했다. 이때 필요한 보험료는 약 6만 원 정도다. 이렇게 막연하게 가입했던 종신보험을 조정해 사망 시 보장보다는 생존 시 혜택을 극대화할 수 있는 보험으로 갈아탔고, 보험료 부담을 한층 덜어낼 수 있었다.

보험은 당신의 미래를 보장해주기도 하지만 현재를 갉아먹기도 한다. 언제까지 당신의 보험을 남의 손에만 맡겨놓을 것인가. 보험은 아는 만큼 힘이 된다. 지금 당장 보험상식을 공부해보자.

보험 구분하기

보험은 보상하는 목적물과 방식에 따라 크게 생명보험과 손해보험으로 구분한다. 생명보험은 사람의 생존과 사망을 보험의 목적으로 하며 정액 방식으로 보상하고, 손해보험은 재산상의 손해를 보험의 목적으로 하며 실손 방식으로 보상한다. 이외에 제3보험은 상해, 질병, 간병과 관련된 상품을 말한다.

구분	생명보험	제3보험	손해보험
보험사고	사람의 또는 사망	신체의 상해, 질병, 간병	재산상의 손해
보상방법	정액보상	정액보상, 실손보상	실손보상
피보험자 (보험대상자)	보험사고의 대상	보험사고의 대상	손해보상을 받을 권리가 있는 대상
보험기간	장기	장기	단기
대표상품	종신보험, 연금보험	암보험, 간병보험	자동차보험, 화재보험
취급기관	생명보험회사	생명보험회사, 손해보험회사	손해보험회사

생명보험과 손해보험은 보험대상과 보상방식, 설계방식 등에 차이가 있다. 하지만 제3보험이 등장하고, 다양한 특약이 개발되면서 상품의 차이는 점점 줄어드는 추세다. 비슷한 보장의 상품이라도 세부 내용은 달라질 수 있기 때문에 둘의 차이를 잘 이해해 효율적인 보험설계를 해야 할 것이다.

당신의 보험은 어떤가?
보험가입의
현주소

　보험상품의 판매 채널이 다양해지고 여러 방면으로 다각화되면서, 과거 대면으로만 가입했던 보험을 이제는 전화, 홈쇼핑, 또는 스마트폰 애플리케이션 등으로 쉽게 가입할 수 있게 되었다. 가입 방법이 쉽고 편해진 만큼 상품을 꼼꼼하게 챙기기보다는 충동적으로 가입하는 사람들이 많으며 설계 시 특약 구성에서 오류를 범하고 있는 것 또한 부인할 수 없다.

　보험가입을 많이 했다고 해서 안심하는 사람들의 보험증권을 살펴보면, 대부분 만기가 짧거나 보장금액이 작은 보험들을 여러 건으로 나누어 가입한 경우를 쉽게 볼 수 있다. 이런 형태로 가입한 대부분의 사람들은 정작 아프고 보장받아야 할 때 보험이 전혀 도움이 되지 않거나 납입보험료 대비 예상했던 보장금액이 작아 실망한다.

'이렇게 많은 보험이 있고, 보험료도 빠지지 않고 납입했는데, 왜 이것밖에 보장되지 않는 거지?' 그때부터 보험을 불신하게 되고 심지어 보험에 반감을 가지게 된다. 그리고 그동안 잘 유지해왔던 보험조차 필요성을 잃게 되어 해지한다. 보장성 보험의 경우 해지하게 되면 납입보험료 대비 환급금이 매우 적은 데도 불구하고 말이다.

이렇다 보니 보험이 사고 시 보장받기 위해 준비하는 것임을 알면서도 왠지 손해 보는 느낌을 지울 수 없다.

보험은 저축이 아닌 의료 사고나 기타 사고 발생 시 보장받기 위해 가입하는 금융상품이다. 해지 시 원금 대비 환급금액이 적은 것은 당연하다. 그럼에도 '손해 본다'는 생각을 하게 되는 이유는 보험가입 목적을 제대로 생각해보지 않았기 때문이다.

보험에 제대로 가입하기 위해서는 보험가입 목적을 먼저 생각해야 한다. 그런 다음 목적에 맞는 보험상품을 선택하고, 자신이 불입할 수 있는 예산에서 가입금액을 조율하고 만기와 납입기간을 선택한다. 마지막으로 '어떠한 경우에도 보험을 해지하지 않는다'고

결심한 뒤 보험에 가입해야만 한다. 당연히 보험료의 부담을 최소한으로 설정해 준비하는 것이 좋다.

요즘에는 다이렉트상품이나 홈쇼핑을 통해 보험을 접할 수 있는 기회가 많아져, 이로 인한 문제도 많이 발생하고 있다. 32살 길동 씨의 사례를 한 번 살펴보자.

잠이 오지 않았던 길동 씨는 늦은 밤 TV를 시청하던 중 홈쇼핑 채널에서 나오는 암보험 방송을 보게 되었다. 우연히 방송을 보기 전까지는 암보험의 필요성을 별로 느끼지 못했지만, 방송을 보다 보니 젊고 건강한 자신에게도 암보험이 필요할 것 같았다. 암 환자도 급증하고 있다고 하고, 주변 지인 중에 암 진단을 받은 사람이 있다는 사실을 떠올리며 방송에서 안내하는 번호로 상담을 신청했고, 결국 보험에 가입했다.

보험에 가입하고 얼마 지나지 않아 속이 쓰리고 소화가 안 되는 것 같던 길동 씨는 위 내시경을 받았고, 위궤양 및 역류성 식도염이라는 진단을 받았다. 내시경을 하며 용종도 2개나 떼어냈다. 그리고 위궤양 치료를 위해 약도 10일치를 처방받았다.

덜컥 겁이 난 길동 씨는 지난번 가입한 암보험증권을 찾아보았다. 방송을 볼 당시에는 납입보험료도 싸고 모두 보장이 되는 것처럼 생각되어 그것만 보고 상담원에게 걸려온 전화에 "네, 네" 대답만 하고 가입했는데, 뒤늦게 보험의 보장내용을 보니 10년 갱신형에 일반암 진단금 2천만 원, 고액암 진단금 3천만 원이 전부인 보험이었다.

가입한 보험만으로는 제대로 보장이 되지 않을 것 같아 걱정이 된 길동 씨는 추가로 암보험에 가입하고자 서둘러 설계사를 소개받아 보험가입을 의뢰했다. 설계사는 길동 씨에게 보험가입 전 '계약 전 알릴 의무사항'에 대해 안내했고, 길동 씨는 위궤양과 역류성 식도염, 용종 제거, 이에 따른 10일치 약 처방에 대해 설계사에게 고지했다.

그 후 길동 씨는 설계사가 제안한 내용을 토대로 청약을 진행하려 심사를 올렸는데, 회사는 청약을 거절했다. 최근 병력으로 위궤양 진단, 역류성 식도염과 용종 제거 및 10일치 약 처방으로 인한 가입 거절이었다.

이제서야 길동 씨는 지난번 충동적으로 했던 보험청약을 후회했다. 보험에 가입하기 전 진단금을 어느 규모로 준비해야 하는지, 만기는 언제인지, 갱신형을 선택해야 하는지 비갱신형을 선택해야 하는지 등 조금 더 자세한 상담을 통해 신중하게 검토했어야 함을 뒤늦게 깨달았다.

물론 길동 씨가 앞으로 암보험에 가입할 수 없는 것은 아니다. 그러나 일정 기간을 두고 청약을 해야 하며, 청약을 한다 하더라도 위와 관련해 부담보가 설정될 수 있다.

이처럼 보험은 간편하게 가입할 수 있다고 해서 쉽게 결정하고 가입하기보다는 전문가와 충분히 상담하고 가입하는 것이 좋다.

최소한의 Tip

· **부담보**: 가입된 보험기간 중 특정 부위 및 특정 질환에 대해서 일정 기간 또는 전 기간 질병으로 인한 수술이나 입원 등의 각종 보장에서 제외해 조건부로 가입하는 것. 계약일로부터 일정 기간 이내에 발생되는 보험 사고는 보상하지 않는다.

그래서
보험계약은
어떻게 이루어질까?

⊘ 보험계약(청약) 절차

보험을 계약하는 방식은 '낙성계약'이라고 한다. 이는 계약자가
보험회사에 가입의사를 밝히고 청약을 하면 보험회사가 보장의 대
상이 되는 피보험자에 대해 심사를 하고 승낙해 계약을 승인하고
체결하는 것을 말한다.

이때 심사 과정에서는 피보험자의 상태에 따라 거절할 수도 있
으며 건강검진을 요청할 수 있다. 또한 피보험자의 병력에 따라 부

담보를 설정해 일정 기간 또는 보험기간 동안 해당 부위를 보장하지 않는 조건으로 계약이 성립되기도 한다.

보험회사는 청약일로부터 30일 이내에 승낙한다는 통지를 해야 하며 별도의 통지가 없을 때는 승낙으로 간주한다. 다만 건강검진이 있는 청약의 경우 청약시점이 아닌 검진시점을 기준으로 30일 이내에 승낙 또는 거절 통지를 해야 하며, 별도의 통지가 없을 시 승낙으로 간주한다.

✔ 청약철회

계약을 체결한 후 변심 또는 상품의 이해 부족으로 인해 계약을 무효화하거나 취소하는 것을 철회라고 한다. 철회기간은 청약일로부터 30일, 증권 수령일로부터 15일 이내에 신청할 수 있다.

✔ 보험계약의 효력

보험의 보장이 시작되는 시기는 1회 보험료를 납부한 날로부터 보장이 시작되며, 암 진단금의 경우 가입 후 90일이 지난 후부터 보장이 시작된다. 다만 어린이보험은 90일 면책기간 없이 즉시 보장이 시작된다.

✓ 보험의 효력상실과 부활

보험계약의 보장은 약정한 납입기한 동안 매달 보험료를 납입하며 보장받는데, 이때 2회분의 보험료를 납입하지 않았을 경우 보험의 효력은 상실한다. 다만 실효가 된 날로부터 3년 이내에 미납된 보험료를 납부하면 효력은 다시 발생(부활)한다.

간혹 보험료 납입 상황을 알지 못하고 실효가 된 상태에서 의료사고가 발생해 보험금 청구 시 보험금을 지급받지 못하는 일이 발생하므로 보험료 납입은 매우 중요하다.

알쏭달쏭 보험용어를 정리해보자

보험계약 시 약관을 꼼꼼히 살펴보라고 하지만, 헷갈리는 보험 용어 때문에 읽기가 쉽지 않다. 보험계약의 기본이 되는 용어들을 함께 알아보자.

✓ 보험료와 보험금

보험료는 보험계약자가 보험계약에 따라 보장을 받기 위해 보험 회사에 납입하는 요금이다. 보험상품의 가격이라고 할 수 있는데,

장래의 일정 기간 발생할 것으로 예상되는 비용을 예측해 산정한다. 보험료는 순 보험료와 부가 보험료로 구성되어 있다. 보험에 가입해 받을 수 있는 보장비용을 '순 보험료', 보험의 유지와 관리를 위해 필요한 경비의 재원이 되는 보험료를 '부가 보험료'라고 한다.

보험료가 매달 내야 할 돈이라면 보험금은 받을 돈이다. 보험회사가 보험계약에 명시된 피보험자의 사고 발생 시 가입된 보험계약 담보사항에 따라 고객에게 지급해야 하는 돈을 말한다.

✅ 보험기간과 납입기간

보험기간은 보험회사의 책임이 시작되어 끝나는 기간으로 보험증권에 기재된 기간이다. 이 기간에 일어난 보험사고에 대해서만 보상이 이루어지기 때문에 보험기간의 시작 시점과 끝나는 시점이 중요하다. 납입기간 만기를 보험기간 만기로 착각하고 보험금을 청구하지 않는 경우도 있으니 꼼꼼히 확인해야 한다.

납입기간은 보험계약자가 보장을 받기 위해 보험료를 납입해야 하는 기간이다. 보험의 종류에 따라 납입기간이 달라지며, 그 기간은 소비자가 선택할 수 있는데, 생명보험이나 손해보험의 경우 오랫동안 보험료를 납입해야 하므로 신중하게 선택해야 한다. 납입기간이 길면 매월 납입하는 보험료가 적어지므로 각자의 상황에 맞게 설정하면 된다.

✓ 가입금액

회사가 보험금을 지급하기 위해 산정한 금액으로 가입한 금액에 따라 보장금액이 달라진다.

이때 '가입금액=진단금'일 수도 있지만, 특약에 따라 수술, 입원 등 다양한 보장을 포함하고 있다면 가입금액은 다를 수 있으며, 설계서를 참고하면 정확히 알 수 있다.

✓ 설계서와 청약서, 보험증권

설계서는 보장하는 항목과 그에 따른 보험료, 보장기간, 납입기간 등을 나타낸 설명서이고, 청약서는 계약의 청약의사를 기재하는 문서다. 청약서는 설계내용에 동의하고 가입의 의사를 나타내는 일종의 계약서라고 할 수 있다. 보험회사는 보험계약자 또는 보험대상자가 청약서에 기재해 보험회사에 알린 사항과 설계사의 보고서 등을 바탕으로 보험 승낙 여부를 판단한다. 청약서에는 보험 모집을 한 설계사의 정보와 보험료 영수증, 청약철회 청구 안내 및 청약철회 신청서, 계약 전 알릴 의무 사항, 표준약관의 주요 내용 등이 기재된다.

보험증권은 보험계약의 성립과 가입내용을 증명하기 위해 보험사가 보험계약자에게 교부하는 증서로, 보험계약이 성립된 즉시

작성해 발급해야 한다. 보험증권에는 증권번호와 보험종목의 명칭, 보험기간, 보험계약일, 계약만기일, 보험료 납입주기, 보험료 납입 기간, 피보험자, 보험계약자 및 보험수익자의 성명 및 생년월일, 보험료, 보장내용이 기재되어야 한다.

✅ 보험약관

약관이란 계약의 일방당사자가 다수의 상대방과 계약을 체결하기 위해 일정한 형식으로 미리 마련한 계약의 내용을 말한다. 보험계약에 관해 보험계약자와 보험회사 상호 이행해야 할 권리와 의무를 규정한 것이라 할 수 있다. 보험회사는 보험계약을 체결할 때 보험계약자에게 보험약관을 발급하고 약관의 중요한 내용을 설명해야 한다.

보험회사가 약관 발급 및 중요 내용에 대한 설명 의무를 위반한 경우 보험계약자는 보험계약이 성립된 날부터 3개월 이내에 계약을 취소할 수 있다.

보험의 계약요소

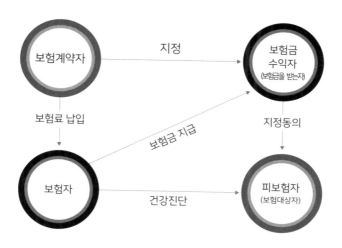

보험자(보험회사)	보험사고가 발생할 경우 보험금 지급을 책임지는 곳
보험계약자	보험회사와 계약하고 보험료를 납입하는 사람
피보험자	보험사고의 대상이 되는 사람
보험수익자	보험금을 지급받는 사람

사람들이 착각하고 있는 보험상식

　사람들에게 "보험 있어요?"라고 물으면 대부분 "많아요" 또는 "보험료를 ○○만 원 납부하고 있어요"라고 대답한다. 마치 보험은 그것만 있으면 모든 것이 다 보장되는 것처럼 말이다. 보험이 많다고 보험료를 많이 낸다고 보장이 막연히 커질까? 그렇지 않다.

　보험은 각 회사의 다양한 상품이 있고, 그를 설계하는 무수히 많은 설계사가 있다. 같은 설계일지라도 설계사의 성향, 회사, 상품에 따라 보장하는 급부들이 천차만별로 나뉘는 만큼 가입한 보험만을 믿고 의지할 수는 없다.

암보험이라고 가입했는데 CI보험이거나, 연금이라고 가입했는데 종신보험이거나, 고정금리라고 했는데 변동금리이거나 등 처음 가입 목적에 맞지 않게 단순하게 설계사의 친분 또는 다른 이유로 부득이하게 가입한 경우 자신이 원하는 목적과 어울리지 않는 보험에 가입하는 사례가 많기 때문이다.

보험가입만으로 모든 보장이 다 이루어지는 것처럼 믿고 의지하기보다는 주변의 여러 설계사를 만나 다시 한 번 가입한 상품에 대한 설명을 듣거나 유수의 설계사들이 밀집해 있는 온라인 카페 등을 통해 검증이나 증권분석을 받아보는 것 또한 중요하다.

우리나라는 불명예스럽게도 2003년부터 13년간 OECD(경제협력기구) 자살률 1위 국가다. 2010년 이후 줄어들고 있기는 하지만 여전히 OECD 회원국 중에서는 높은 수준이다. 즉 자살하는 사람도 많고 그에 따른 보험금 지급도 많다는 이야기다. 얼마 전 많은 보험사가 자살 사망보험금 미지급으로 인해 금융감독원의 철퇴를 맞을 뻔한 일이 있었다.

일반적으로 자살은 질병으로 인한 사망도 아니고 상해로 인한 사망도 아니다. 그렇다면 자살의 사망보험금은 어느 항목에서 보장받을 수 있을까?

종신보험의 주계약은 사망의 이유를 묻지 않고 사망보험금을 지급한다. 그렇다면 재해사망은 어떤가? 손해보험에서 말하는 상해사망과 다른가? 일단 정답부터 말하면 자살은 재해사망에 포함된다.

상해는 일방적이고 우연한 외부의 압력으로부터 발생하는 사고다. 반면 재해는 상해를 포함해 법정질병은 물론, 전쟁·태풍이나 풍랑과 같은 자연현상, 인위적인 사고 또한 재해에 포함된다. 다시 말해 '우연한 사고인 상해'를 포함해 '우연하지 않은 인위적인 상해'를 재해라고 표현한다. 그래서 생명보험의 재해사망 보장에 자살이 포함되며 손해보험의 상해사망 보장에는 자살이 포함되지 않는다.

가끔 일반 시중금리보다 높은 금리의 종신보험을 저축보험으로 알고 가입하는 사람들이 있다. 여기서 분명하게 알아야 할 것은 종신보험은 사망을 보장하는 보험이지 저축보험과는 다르다는 점이다. 일반 적금이나 저축보험처럼 금리가 높은 것은 사실이다. 하지만 금리가 높다고 해서 무조건 납입하는 보험료 대비 환급금이 높은 것은 아니다.

종신은 말 그대로 사망을 보장하는 보험이기 때문에 사망을 보장하기 위한 사업비가 지출된다. 쉽게 말해 종신보험의 보험료로 월 20만 원씩 납부한다 하더라도 20만 원 전부에 대해 금리를 적용하는 것이 아니라 사망보장을 하기 위한 사업비를 제외한 나머지 금액에 대해 금리를 적용한다. 실질적으로 이자가 적용되는 원금을 매우 미약하다고 볼 수 있다.

그렇기 때문에 종신보험은 사망보장을 하는 보험일 뿐 결코 저축보험이 될 수 없다. 저축의 개념으로 종신보험에 가입했다면 자신의 보험을 다시 한 번 정리해봐야 한다.

사람들이
많이 가입하는
보험 5가지

① 의료실비보험

의료실비보험이란 피보험자가 의료사고로 통원 또는 입원해서 발생한 의료비 중 환자가 부담한 의료비를 보험회사에 청구 시 회사가 피보험자에게 보험금으로 지급하는 구조의 보험이다. 의료실비보험은 이제 건강보험만큼이나 많은 사람이 가입하고 있는 보험으로, 이미 천만 명이 넘는 사람들이 현재 의료실비보험에 가입해 혜택을 보고 있다.

주된 보장은 환자가 실제로 부담한 병원비를 보장하는 것이다. 급여 이외에 비급여 항목 또한 보험사가 보장해주는 만큼 MRI나 CT처럼 건강보험에서 비급여로 분류되어 부담스러운 검사나 치료 등을 부담 없이 받을 수 있다.

의료실비보장 특약의 보험료 납입기간은 가입시기에 따라 5년, 3년, 1년 갱신으로 구성된다. 갱신시점에 회사의 손해율을 적용해 보험료를 재산정하고 특약 보험료에 적용해 보험료를 부과한다.

최소한의 Tip

· **급여**: 일반적으로 건강보험 혜택이 적용되는 진료항목. 일부본인부담과 전액본인부담으로 나뉜다. 전액본인부담이란 건강보험이 적용되는 비용 전액을 본인이 부담하는 것으로, 어느 병원을 가더라도 동일한 금액을 지불하게 된다. 일부본인부담은 본인부담금과 공단부담금으로 나뉜다.

· **비급여**: 건강보험 혜택이 적용되지 않는 항목. 의료기관이 자체적으로 금액을 정해 병원마다 금액 차이가 있으며, 비용의 전액을 환자가 부담한다. 각 항목별로 선택진료비와 이외 금액으로 이루어져 있다. 자세한 항목은 건강보험심사평가원이나 각 의료기관 홈페이지에서 확인할 수 있다.

② 암보험

암보험은 암 진단 시 진단금을 지급하거나 암 관련 수술, 입원, 항암치료 등 별도의 특약으로 구성되어 각 항목에 해당하는 의료행위를 했을 때 지급하는 보험이다.

처음 보험이 생길 때부터 지금까지 누구나가 이 보험만은 꼭 가입하는 보험이 아닐까 싶다. 과거 암보험은 진단금을 받아 병원비는 물론 생활비의 역할을 함께했으며, 의료실비보험이 생겨난 지금에도 꾸준한 인기를 끌고 있는 보험이다. 암 발생 환자가 점차 늘고 발생 연령이 젊어짐에 따라 나이나 성별에 상관없이 많은 사람이 선호하고 가입한다.

그렇기 때문에 암보험은 회사의 손해율이 매우 높은 보험 중에 하나다. 과거와 비교하면 보상하는 암의 종류가 많이 축소된 만큼 어디까지를 일반암으로 보는지 확인하고 가입하는 것이 좋다. 또한 나이에 따라 갱신형인지, 80세 또는 100세 만기인지 잘 확인하고 가입해야 한다.

③ 운전자보험

운전자보험은 자동차보험과 별개로 준비해야 한다. 대인이나 대물에 대해 보상하는 일반적인 보험과 달리 자동차사고로 인해 발생하는 법적 처리비용을 지급하는 보험이기 때문이다. 방어비용(변호사 선임), 사고처리지원금(형사합의금), 벌금, 면허정지 및 면허취소 위로금 등으로 구성되어 있다.

방어비용이란 자동차사고로 인해 발생하는 민형사상의 변호와 관련해 변호사 선임 시 가입금액 안에서 변호사 선임비를 보장한다. 사고처리지원금은 자동차사고로 발생하는 형사합의 건에 대해 실질 합의금액에 대한 금액을 보험회사가 지급한다. 벌금의 경우 교통사고로 벌금이 나오면 가입금액 한도 내에서 보상한다.

면허 취소나 정지의 경우 음주·약물·무면허를 제외한 기타 사유로 인해 면허가 취소되거나 정지되었을 때 약관에 따라 보상한다. 덧붙여 면허 취소나 정지에 따른 위로금은 과거에는 자가용과 영업용 구분 없이 모두 적용되었지만, 현재는 영업용에만 적용되는 보장이다.

④ 종신보험

종신보험은 사망보장 기간을 두지 않고 언제고 피보험자가 사망하면 가입한 보험금을 지급하는 보험이다. 주로 집안에서 경제활동이 왕성한 가장이 많이 가입한다. 자녀를 양육하고 주택을 구입하는 과정, 그리고 소비가 왕성한 시기에 가장의 사망으로 인해 수입이 중단되어 경제적 어려움을 겪는 것을 대비해 준비하는 것이다.

또한 사망 시 상속하는 재산에 대해 세금을 납부할 때 상속세의 대체 재원으로 활용하기도 하며, 꼭 상속세가 아니더라도 장례비 등 사후 처리비용으로도 활용할 수 있다.

⑤ 연금보험

연금보험은 보장성 보험이라기보다는 생존성 보험이라고 볼 수 있는데, 노후에 생활자금을 준비하는 목적으로 많이 가입한다. 평균수명이 증가하고 장수하는 시대인 만큼 노후를 대비해 준비하는 보험으로, 일정 기간 보험료를 납부하고 연금 개시시점부터 매월 또는 매년 약정한 금액을 지급한다. 연금저축보험, 연금보험, 변액연금보험이 있다.

연금저축보험은 세액공제가 가능한 상품으로 직장인들이 많이 가입하고 있으며 비과세 혜택은 주어지지 않는다. 연금보험은 세제혜택은 없으나 10년 이상 유지 시 비과세가 적용되는 금리연동 연금상품이다.

마지막으로 변액연금보험은 연금저축보험과 연금보험처럼 금리를 연동해 수익을 내는 상품이 아닌 펀드나 채권에 투자해 수익을 내는 상품이다. 저금리 시대인 요즘 추후 물가상승률을 헤지할 수 있는 유일한 상품으로서 많은 사람에게 각광받고 있다. 다만 일반 연금상품과 달리 상품 구조가 다소 복잡한 부분이 있어, 상품에 대한 설명을 충분히 듣고 이해한 후 가입하는 것이 좋다.

연금보험 한눈에 비교하기

종류	연금저축보험	일반 연금보험		즉시 연금보험
		공시이율형	변액	
특징	개인의 노후생활자금 준비를 지원해주기 위해 정부에서 매년 세제 혜택을 제공, 연금계좌로 운영	공시이율과 최저보증이율에 따른 안정적인 적립금 관리	적립금을 시장에 투자해 공격적으로 불리기 위한 상품(투자에서 손해를 보면 적립금이 낮아질 수 있는 위험 존재)	목돈을 한번에 납입 후 바로 연금수령 가능
세제혜택	세액공제 최대 16.5%(단, 최소 5년 이상 납입, 55세 이후부터 10년 이상 연금수령 시)	비과세 최대 15.4%(단, 보험료 5년 이상, 월 150만 원 이내 납부, 10년 이상 유지 시)		이자소득에 비과세 혜택, 연간 금융소득 4천만 원이 넘는 경우 매달 받는 연금은 비과세 대상 (단, 10년 이상 유지 시)
가입처	생명보험회사, 손해보험회사	생명보험사		생명보험사

PART
2

지금 보험에
가입한다면
최소한
이것만은 기억하자

보험은
어디에서 가입하면
좋을까?

보험에 가입하는 것은 어려운 문제가 아니다. TV를 보다가 또는 걸려오는 전화를 통해 가입하거나 지인을 통해 가입할 수 있다. 길을 지나다 보험사 배지를 달고 다니는 아무나를 붙잡고 가입할 수도 있다. 가입하는 방법이나 채널은 문제가 되지 않는다.

다만 자신이 어떤 보장을 어떻게 받고 있는지 다시 한 번 알고 싶다거나 보험금 청구는 어떻게 해야 하는지 어디에서 보장을 받을 수 있는지 알려주고 찾아주고 대신 업무를 처리해줄 사람이 있는지 확인해야 한다. 다시 말해 가입 후 관리해줄 관리자가 무엇보다 중요하다.

개인적으로 홈쇼핑이나 전화 상담원을 통해 가입하는 것은 추천하지 않는다. 홈쇼핑이나 전화로 보험에 가입하는 경우, 자신의 상황에 맞춰 계획적으로 보험에 가입하기보다 광고나 상담원의 말에 현혹되어 가입할 가능성이 크기 때문이다.

기존에 가지고 있는 보험과 보장이 중복되거나 자신에게 필요치 않은 보험에 가입하는 경우가 많고 중도에 해지하는 일도 흔하게 발생한다. 더욱이 보장에 대해 꼼꼼하게 살펴보거나 따져 물을 수 없기에 보장의 정확한 범위나 보험금 지급 사유에 대해 명확히 알고 가입하는 일이 드물다.

그래서 보험설계사를 통한 보험가입을 추천한다. 덧붙여 한 보험회사만을 취급하는 설계사에게 가입하기보다는 여러 회사와 그에 따른 상품을 취급하고 있는 설계사를 통해 가입하는 것을 추천한다.

한 회사에 속한 경우 다른 회사 상품과의 전문적인 비교분석이 약한 편이다. 또한 고객을 위한 조금 더 나은 상품을 추천하는 데 제한적이며, 타사 상품과 비교해 자사의 상품의 장점이 없음에도 자신이 속한 회사의 상품만을 판매할 수밖에 없다. 이는 소비자에게 보장이 좋은 상품에 가입할 기회를 박탈하는 것일 수도 있고, 다른 상품에 비교해 소비자에게 불리한 상품을 판매함으로써 소비자는 금전적 손실을 볼 수 있음을 인지해야 한다.

반대로 여러 회사의 상품을 취급하는 설계사는 각 회사 상품별 장단점을 알고 있어 소비자에게 더욱 객관적이고 유리한 상품을 안내하고 전달할 수 있다.

예를 들어 암보험에 가입하려 한다. 삼○생명에 속한 설계사는 삼○생명 상품을 판매해야 하기 때문에 자사 상품만을 추천한다. 하지만 삼○생명은 물론 교○생명 메리○화재, 현대○상 등 다양한 회사를 취급하는 설계사는 각 회사 상품의 장단점과 보험료를 비교해 객관적으로 안내할 수 있다. 이렇듯 한 회사 상품만을 판매하는 설계사보다 여러 회사 상품을 취급하고 판매하는 설계사가 소비자에게 다양한 정보를 알려주기 쉽다.

다른 예를 들어보자. 생명보험회사에서 판매하는 암보험은 대장암으로 가기 이전의 대장점막내암을 보장하지 않는다. 하지만 손해보험의 몇몇 회사들은 대장점막내암 또한 일반암으로 분류해 진단 시 일반암 진단비를 지급한다.

비단 암보험뿐만 아니라 생명보험에서는 뇌출혈만 보장할 뿐 보장의 폭이 조금 더 넓은 뇌졸중을 보장하지 않는다. 그러나 손해보험회사의 경우 뇌출혈은 물론 뇌졸중, 더 나아가 뇌혈관질환까지도 보장하는 회사나 상품이 있다.

보험에 가입하기 전 '다양한 상품과 다양한 보장을 객관적으로 고객에게 안내할 수 있는 사람이 과연 누구일까?'를 생각해보고, 자신에게 좋은 상품을 추천해줄 수 있는 설계사를 찾아보자.

보험가입 전 반드시 확인해야 할 체크리스트

보험은 상품에 따라 장기간 보험료를 납입해야 하는 장기 금융 상품인 만큼 가입할 때 꼼꼼히 살펴봐야 한다. 보험에 가입할 때 어떤 부분을 염두에 두고 가입해야 하는지 알아보도록 하자.

① 원하는 보장은 어떤 것인가?

보험에 가입하는 원천적인 목적이다. 내가 무엇을 보장받기 위해 이 보험을 선택해야 하는가?

출퇴근 거리가 멀고 업무 중에도 운전을 많이 하는 경은 씨는 아무래도 운전하면서 발생할 수 있는 상해사고에 대비해 보험을 하나 가입하고자 한다. 기존에 알고 지내던 보험설계사를 찾아 상담을 받아본 결과, 설계사는 경은 씨에게 질병후유장해를 보장하는 건강보험에 가입하기를 권유한다. 과연 질병후유장해를 보장하는 건강보험이 운전을 많이 하는 경은 씨에게 최선의 보험인가?

그렇지 않다. 경은 씨에게 필요한 보험은 질병을 보장하는 건강보험 아닌 상해후유장해와 골절, 상해수술 등 운전 중 발생하는 상해사고를 보장하는 보험이다. 이처럼 설계사가 추천하는 상품을 덥석 가입할 것이 아니라 지금 자신이 위치한 상황에서 자신에게 필요한 보험이 무엇인지 곰곰이 생각해보고 준비해야 한다. 이것만이 사고 시 보장받을 수 있는 확률을 높이고 불필요한 보험료 지출을 줄이는 방법이다.

② 보장기간은 언제까지인가?

우리나라는 오래전부터 환갑연(還甲宴)이라고 해서 60세를 기념하는 잔치를 베풀었다. 옛날에는 60세를 맞이하기가 어려웠기 때문이다. 하지만 지금은 "인생은 60부터"라고 할 정도로 60세에는 경제활동은 물론 다양한 분야에서 활동하며 제2의 전성기를 맞이하는 나이다.

필자가 보험설계 일을 처음 시작했던 17년 전만 하더라도 당시 보험의 보장기간은 70세 만기가 대부분이었다. 그 이후 몇 년 지나지 않아 80세 만기를 비롯해 100세 만기, 더 나아가 110세 만기 보장보험상품도 속속 출시되었다.

현대의학이 발달하고 의료기술이 발달함에 따라 치료의 정확도는 물론 완치 확률이 높아졌고, 건강에 관한 관심이 높아지면서 평균수명은 점차 늘어나고 있다. 평균수명 90세, 100세를 바라보는 지금 70~80세로 보장기간이 끝난다면 향후 의료사고 시 큰 어려움을 겪을 수 있다.

그래서 지금 준비하는 보험은, 내가 꼭 100세까지 산다는 보장은 없지만 살 수도 있다는 마음으로 보장기간을 100세로 설정해주는 것이 좋다. 가입 시 만기가 지나치게 짧지는 않은지 꼭 확인해야 한다.

③ 보험료 납입기간은 몇 년납인가?

사람마다 경제활동 시기가 다를 수 있지만, 남자를 기준으로 해서 대학 4년과 군복무기간, 취업 준비 과정을 계산하면 통상 29세 또는 30세에 본격적인 경제활동이 시작된다. 그리고 결혼을 하고, 자녀를 양육하고, 주택을 구입하고, 노후를 준비한다. 이 과정에서 보험료 납입기간은 언제까지로 설정하는 것이 가장 합리적이고 유리한가?

'경제활동이 가장 활발한 시기까지'를 보험료 납입기간으로 설정하는 것이 좋다. 막연하게 길게 잡으면 퇴직 후 소득이 없는 상황에서 보험료라는 고정지출이 발생하게 된다. 정작 보장받아야 할 시기에 보험료 부담으로 보험을 해지할 수도 있다는 것을 감안해 납입기간을 설정하도록 하자.

그렇다고 무작정 보험료 납입기간을 짧게 잡는 것은 오히려 좋지 않다. 성인보험의 경우 납입면제 조건이라는 혜택이 있다. 납입기간을 지나치게 짧게 잡으면 납기가 모두 끝난 후 면제 조건이 되더라도 면제받을 납입보험료가 없으므로 무조건 짧게 잡는 것보다는 20년납이 좋다.

정리하자면 보험료 납입기간은 안정적인 수입이 끝나는 60세 이전, 20년납으로 설정하는 것이 가장 바람직하다.

④ 납부할 수 있는 보험료는 얼마인가?

보험에 가입할 때 가장 중요하게 체크하는 부분이 아닌가 싶다. 내가 납부할 수 있는 보험료는 얼마인가?

보장이 아무리 좋다 하더라도 자신의 경제 여력을 벗어나는 보험료를 납입해야 하는 보험이라면 가입에 신중해야 한다. 처음에 무리해서 가입하더라도 추후 경제적으로 어려움이 생기면 가장 먼저 보험을 해지하기 마련이고, 그렇게 해지하게 되면 오히려 가입하지 않은 것보다 못한 격이다. 보험은 보장을 좋게 가입하는 것도 중요하지만 얼마나 잘 유지할 수 있냐가 더 중요하다. 보험료의 납입 수준을 적당한 선에서 선택하도록 하자.

보험계약 체결 시 유의해야 할 계약 전 알릴 의무

알릴 의무(고지의무)는 보험계약자 또는 피보험자가 보험계약을 할 때 고의로 또는 과실로 중요한 사항을 알리지 않거나 부실의 고지를 하지 않을 의무를 말한다.

이때 중요한 사항은 보험회사가 서면으로 질문한 사항이라고 할 수 있다. 보험회사는 보험사고의 발생과 그로 인한 책임부담의 개연율을 측정해 보험계약 체결 여부를 결정하는데, 이를 결정하기 위해 요청하는 사항들이다.

✓ 직업과 취미

보험에 가입할 때 직업은 매우 중요하다. 직업에 따라 위험의 정도가 다르고 사고 발생률의 가능성도 다르므로 정확하게 알려야 추후 사고 발생 시 보험금 지급이 원활하다.

만약 보험료 절감을 위해 현장직임에도 사무직으로 직업을 고지했다고 가정해보자. 추후 사고가 발생해 보험금 청구 시 직업을 확인하고 직업 고지가 명확하지 않았음을 확인한다면 보험금을 지급하지 않거나 차등 지급하게 된다. 예를 들면 직업은 사무직이나 출퇴근을 목적으로 오토바이를 주행하던 중 사고로 인해 보험금을 청구할 경우 회사는 보험금을 지급할 의무가 없다.

또한 취미로 패러글라이딩이나 스킨스쿠버 등을 간헐적 또는 주기적으로 행했다면, 해당 취미 생활 중 사고에 대해서는 보상하지 않는다.

✓ 병력

보험에 가입할 때 가장 중요한 고지사항이다. 회사는 고객으로부터 청약을 받을 때 3개월 또는 1년 이내에 의사로부터 진료를 받거나 진단을 받은 사실이 있는지와 투약을 받은 적이 있는지, 그리고 5년 이내에 암이나 뇌출혈 등 중대질환에 대해 진단을 받은 적이 있는지를 묻는다.

이때 기억나지 않아 고지하지 못하거나 대수롭지 않게 생각해 고지의무를 위반했을 경우, 보험금을 청구하더라도 고지위반으로 보험금을 수령할 수 없다. 보험회사는 그 사실을 안 날부터 1개월 내에, 계약을 체결한 날부터 3년 내에 계약을 해지할 수 있다.

의도치 않게 고지위반을 하는 경우가 있다. 자신의 보험계약이 아닌 부모의 보험계약을 체결할 때다. 부모와 함께 살지 않으면 어떠한 약을 먹는지, 언제 병원에 다녀왔는지 알기 어렵다. 이런 상황에서 자녀가 "보험 하나 가입해드리려고 하는데, 병원 다녀오신 적 있으세요?" 하고 물으면, "그냥 감기로 병원에 다녀온 것 말고는 없어~"라고 대답하는 부모들이 많다. 이 말만 믿고 보험에 가입해도 되는 걸까?

필자의 고객 중 자녀가 부모를 보험에 가입시키고 6개월 이내에 아버지가 암 진단을 받은 경우가 있었다. 가입 당시 자녀는 아버지가 알려준 내용으로만 고지했고 청약은 원활히 이루어졌다. 암 진단 후 당연히 보험금 청구를 했고 보험금 지급을 기다리던 중 회사로부터 직권해지 통보를 받는다. 아버지에게 2년 전 갑상선 관련 약을 복용한 기록이 있었던 것이다. 아버지는 오래전 일이라 기억을 못 하고 자녀에게 정확하게 전달하지 않아서, 자녀는 관련 사항을 알지 못해서 생긴 일이었다.

이렇듯 의료사고로 인해 보장받는 보험에 가입할 시 건강과 관련해 고지의무는 무엇보다도 중요하다. 꼭 명확히 고지한 후 보험계약을 체결해야 한다.

⊘ 키와 몸무게의 거짓 유무

고지사항은 어느 것 하나 거짓으로 작성되어서는 안 된다. 하지만 정말 대수롭지 않은 고지의무 위반으로 거절된 경험이 있다. 바로 키와 몸무게 때문이었다.

그동안 의료사고 기록이 없다 할지라도 보험회사는 키와 몸무게를 바탕으로 BMI 지수(비만도를 가늠하는 지수)를 계산해 질병 발생 가능성을 체크하고 보험가입을 거절할 수 있다. 그런데 대부분 키는 정상으로 고지하지만, 몸무게는 적게 고지하는 경우가 많다.

필자의 고객 가운데 키 180cm, 몸무게 100kg의 고객이 몸무게를 85kg로 고지한 적이 있다. 원래의 몸무게를 고지했다면 BMI 지수가 높아 심혈관이나 관절 등 다양한 의료사고 발생 확률이 정상인 사람보다 높다는 이유로 청약을 거절당했을 가능성이 크다. 그러나 몸무게를 줄여 정상으로 고지했기에 보험회사는 계약을 인수했다. 고객은 추후 심혈관질환으로 보험금을 청구했다.

소소한 질병들과 달리 심혈관질환은 큰 중대지병으로 발전될 수 있기에 보험금 지급 시 서류심사 또한 까다롭다. 예를 들어 영수증만 제출하면 되던 것이 의무기록 사본이나 진료차트를 확인하는 것이다. 앞선 고객이 이런 자료를 제출했을 때 체중이 고지 당시와 크게 차이가 난다는 사실을 발견했고, 조사를 통해 체중 고지의무 위반을 문제 삼아 보험금 지급을 거절하고 동시에 계약이 해지되었다.

비록 병원에 다녀온 적은 없다 하더라도 이런 부분으로도 보상에 문제가 될 수 있다는 점을 꼭 기억하기 바란다.

병력과 관련한 고지의무

앞에서 말했다시피 병력은 보험에 가입할 때 가장 중요한 고지사항이다. 어떤 것을 고지하고 어떤 것을 고지하지 말아야 하는지 알아보자.

① 3개월 이내 진료내역
질병확정진단, 질병의심소견, 치료, 입원, 수술, 투약 등 3개월 이내의 모든 질병을 고지한다. 고지한 질병으로 인해 가입이 제한되면 치료가 종료된 후 3개월이 지나야 가입신청을 할 수 있다.

② 1년 이내 추가검사(재검사) 사항
종합검진 등을 통해 질병이 의심되는 부분이 있어 추가검사를 한 경우 고지한다. 결과에 따라 부담보 또는 할증 등으로 가입해야 할 수도 있다.

③ 5년 이내 입원, 수술, 7일 이상 통원, 30일 이상 투약
같은 원인으로 5년 이내에 수술했거나 입원했을 경우, 통원치료를 7일 이상 했을 경우, 약을 30일 이상 복용한 경우 반드시 고지해야 한다.

④ 5년 이내 11대 질병에 대한 진단, 치료, 입원, 수술, 투약
갑상샘장애, 당뇨병, 만성류마티스심장질환, 고혈압성질환, 허혈성심장질환, 뇌혈관질환, 동맥경화증, 천식, 위 및 십이지장궤양, 간질환, 신부전증 등 11대 질병과 관련해서는 모든 진료를 고지해야 한다.

자신에게 맞는 보험에 가입하려면 꼭 알아야 하는 보험의 유형

보험상품은 종류도 많고 혜택도 다양하다. 개인이 꼭 가입해야 할 보험은 어떤 것이 있을까?

가장 먼저 보장성 보험에 주목하자. 보장성 보험은 사망·상해· 입원 등 생명과 관련한 사고에 대비하는 보험이다. 종신보험이나 암보험과 같은 건강보험이 대표적이다.

만약 집안의 가장이라면 사망 시 남은 가족의 부양을 책임져줄 종신보험, 암 투병으로 인해 발생하는 경제 문제를 막기 위해 가입 하는 암보험, 일상적인 생활에서 발생하는 모든 의료사고를 대비해 실비보험은 필수 항목이다. 바깥 활동을 하지 않는 주부라도 암보험과 실비보험은 반드시 준비해야 한다.

또 생명보험은 사망이나 암, 주요 성인병 등 정해진 질병과 사고에 대해 충분한 보장을 받을 수 있는 종합보험이다. 하지만 약속되지 않은 특이 질병에 대해서는 보장이 부족하거나, 거의 되지 않을 수도 있다. 이때 실비보험에 가입해 부족한 보장을 보완하면 좋다.

은퇴 후 여유로운 노후 생활을 위해 연금보험 가입도 확인하자. 국민연금, 퇴직연금만으로는 은퇴 자산이 충분히 마련되지 않은 경우가 많다. 이를 대비해 연금보험은 빨리 가입할수록 좋다.

만약 사업을 하는 자영업자라면 영업 중 발생할 수 있는 화재 위험에 대비해 화재보험은 물론이고, 요식업에 종사한다면 음식물배상책임보험은 필수 항목이다. 여행을 할 때는 여행자보험이 필수다. 현행 보험업법상 의료실비에서는 해외에서 발생하는 의료사고에 대해 보장을 하지 않기 때문에 실비와 별도로 여행자보험에 가입해주는 것이 좋다.

이렇듯 누구나가 알고 있는 종신보험, 암보험, 실비보험, 건강보험 외에도 이 밖에 사업장에서 많이 가입하는 일반화재보험으로 배상책임보험, 선적보험 등 다양한 보험이 있다. 자신에게 필요한 보험은 무엇일지 고민해보자.

보험의 종류를 알아보자!

- **종신보험**: 사망을 보장하는 보험으로, 사망하면 보험금이 지급된다.
- **암보험**: 암을 집중적으로 보장하는 보험으로, 암 진단 시 가입한 보장금액을 보장한다.
- **건강보험**: 암을 제외한 질병을 보장한다.
- **상해보험**: 암보험과 건강보험 외 불의의 사고에 대비하기 위해 가입하는 보험이다.
- **실비보험**: 환자가 부담한 의료비를 약관에서 정한 지급률만큼 보장하는 보험으로, 국민건강보험으로 충분히 보장받지 못하는 의료실비를 상당 부분 보장한다.
- **배상책임보험**: 증권에 기재된 피보험자가 또는 피보험자가 운영 또는 거주하는 공간에서 발생하는 대물 또는 대인사고에 대해 보장한다.
- **여행자보험**: 여행 중 발생할 수 있는 질병 또는 상해사고는 물론 개인 소지품에 관련하여 도난, 파손에 대해 보장하는 보험이다.
- **연금보험**: 노후 대비를 위한 것으로 살아 있는 동안 매년 또는 매월 일정 금액을 지급한다.
- **정기보험**: 정해놓은 보장기간 동안에만 사망, 사고, 질병을 보장한다.
- **CI보험**: 암이나 급성심근경색 등 고액의 치료비와 간병비가 들어가는 치명적인 질병에 대비한다.

종신보험은
누구에게
또 얼마나 필요한가?

종신보험이란 피보험자가 사망 시 사망보험금을 지급하는 보험이다. 가입자가 사망하면 유가족이 보험금을 받는 대표적인 보장성 보험상품이다. 보장하는 기간은 정해지지 않고 언제 사망하더라도 보험금을 지급한다.

종신보험은 사망을 보장하는 보험인 만큼 가계 경제의 중심이 되는 사람을 피보험자로 해서 많이 가입한다. 또는 자산이 많은 경우 상속세를 마련하기 위한 재원으로 준비하는 예도 있다.

예를 들면 현재 자산이 20억 원이 있는 자산가가 있다. 통상 상속세의 경우 기본공제가 10억~15억 원까지 가능하다. 이때 종신보험으로 사망보험금을 마련해 사망 시 재산의 손실 없이 그대로 상속할 수 있다.

여기서 말하는 재산의 손실이 없다는 말은 자산을 온전히 지킨다는 의미다. 상속 시 세금을 부담할 금전적 여유가 없으면 상속받은 재산을 급하게 처분해야 하는 경우가 발생한다. 상속세의 경우 사망일을 기준으로 6개월 이내에 납부해야 한다. 자산을 현 시세로 매물로 내놓는다고 하면 팔리지 않을 수도 있다. 그러다 보니 급매로 처분해 제값을 받지 못하게 되는 것이다. 이때 종신보험의 사망보험금으로 상속세를 납부하면 자산을 온전히 지켜 상속받을 수 있게 된다.

요즘은 종신보험에 여러 기능을 탑재해 단순히 사망보장이 아닌 일반 시중금리보다 높은 금리를 적용, 연금재원 내지 목돈마련의 수단으로 활용할 수 있도록 상품이 개발되어 판매되고 있다. 일반인들 이외에도 기업의 CEO들이 회사의 잉여자금을 활용해 대표의 사망보장은 물론 퇴직 후 퇴직금 마련의 용도로 활용하기도 한다.

다만 분명히 알아두어야 할 것은 종신보험의 주된 목적은 저축이 아닌 사망보장이라는 점이다. 은퇴 뒤라도 자녀와 배우자에게 사망보험금 지급을 원한다면, 사망 시 확실하게 보험금을 보장받으면서 적은 금액이라도 연금으로 갈아타기를 원한다면 종신보험 가입을 고려해도 좋겠다.

종신보험과 연금보험 비교

종신보험은 사망 시 보험금을 주는 '보장성 보험'이지만, 사망보장 대신 연금 수령을 원하는 소비자를 위해 '연금전환특약'을 선택할 수 있다. 다만 종신보험의 연금 전환 기능에 대해 제대로 알지 못하고 종신보험에 가입한 경우 문제가 생긴다.

종신보험은 유족들이 사망보험금을 받는 것이 목적이다. 특약에 가입하면 사망보험금을 연금으로 전환해 받을 수 있다고는 하지만, 보험료에서 위험보험료와 사업비가 차지하는 비중이 높기 때문에 연금 지급을 위해 쌓이는 적립금이 낮다. 반면 연금보험은 매달 연금을 받을 목적으로 가입하는 상품이다. 보험료에서 떼이는 위험보험료와 사업비 비중이 낮아 연금 적립금이 높다.

예를 들어 40세 고객이 20년간 월 보험료 26만 2천 원을 내고 60세에 연금을 받는다는 조건으로 두 상품에 가입했다면, 종신보험을 통해서는 연 263만 원의 연금을 받지만 연금보험을 통해서는 연 344만 원을 받는다.

	종신보험	연금보험
가입 목적	사망보험금 수령	안정적인 노후 연금 수령
보험료 구조	위험보험료, 사업비 비중 높음 적립금 비중 낮음	위험보험료, 사업비 비중 낮음 적립금 비중 높음
연금 보장방식	특약을 통해 사망보험금을 연금 으로 전환	주보험이 연금

자료: 금융감독원

건강보험과 보완관계인 CI보험

CI(Critical Illness; 중대질병)보험은 보험가입자가 갑작스러운 사고나 질병으로 인해 중병 상태가 계속될 때 약정의 일부를 미리 지급함으로써 보험가입자 가족의 정신적·경제적 부담을 줄일 수 있도록 한 보험이다. 1983년 남아프리카공화국의 심장외과 의사인 마리우스 바너드(Marius Barnard)가 고안했다.

건강보험과 종신보험의 성격을 동시에 가지고 있는 CI보험, 건강보험이나 종신보험에 가입했으면 CI보험에 가입하지 않아도 될까? 그렇지 않다. CI보험에 대해 조금 더 자세하게 알아보자.

CI보험은 종신보험의 상품이 진화하면서 사망만을 보장하는 것이 아닌 사망 이전에 필요한 치료 자금을 마련하기 위해 만들어진 상품이다. 피보험자가 사망한 경우 보험금을 지급하지만, 피보험자가 사망하기 전이라도 암 같은 중대한 질병이나 중대한 수술, 그리고 후유장해 등이 발생했을 때 사망보험금의 50~80%를 미리 지급해주는 기능이 탑재된 종신보험의 일종이라고 할 수 있다.

다시 말해 CI보험은 피보험자 본인이 사망보험금의 대부분을 지급받는다는 점에서, 사망보험금을 가족에게 지급하는 종신보험과 차이가 있다. 어떻게 보면 CI보험은 현대 의료기술의 발달과 가족관계의 변화를 반영한 상품이라고도 볼 수 있다.

다만 CI보험의 기준, 즉 '중대한'이라는 기준이 계약자가 생각하는 기준과 약관이 설명하는 기준과 일부 상충되다 보니 분쟁의 소지가 있다. 그렇기 때문에 CI보험 가입 전 설계사 말만 듣고 가입하기보다는 약관을 상세히 살펴보고 본인의 가입 목적에 들어맞는지 먼저 확인하고 가입하기 바란다.

목돈을 마련하려면
보험사의
장기저축보험

보험사의 장기저축보험의 장점은 단리인 은행 적금과 달리 복리로 이율이 붙는다는 점이다. 복리란 원금에 이자가 붙고 그 원금과 이자에 또다시 이자가 붙는 형식으로, 이자수익이 제곱의 형태로 구성되는 것을 말한다. 그렇다면 보험사의 복리상품에는 어떠한 것들이 있을까?

① 연금보험과 연금저축보험

연금보험과 연금저축보험의 가장 큰 차이는 세제 혜택이다. 연금저축보험은 연간 400만 원 한도 내에서 13.2% 세액공제를 받을 수 있다. 총급여 5,500만 원 이하이거나, 종합소득 4천만 원 이하 개인사업자는 16.5%까지 공제받을 수 있다. 세액공제를 받기 위해서는 최소 5년 이상 납입하고, 55세 이후부터 10년 이상 연금을 수령해야 한다.

반면 연금보험은 세액공제는 못 받지만, 보험료를 5년 이상, 월 150만 원 이내로 납부하고 계약을 10년 이상 유지하면 보험 차익에 대한 비과세 혜택을 받고 연금을 수령할 때 연금소득세도 과세되지 않는다.

연금보험이나 연금저축보험은 초기에 해약하면 손해다. 연금보험은 보험사가 고객이 낸 보험료에서 사업비를 미리 떼놓기 때문에 초기에 해약하면 환급금이 적어질 수 있다. 특히 연금저축보험은 세액공제받은 것을 감안해 해약 환급금의 16.5%를 기타소득세로 떼인다는 점에 유의해야 한다.

또한 가입 후 일시적으로 보험료를 낼 여력이 부족한 경우에는 해약하지 말고 일정 기간 보험료 납부를 유예받을 수 있는 제도를 이용하는 게 좋다.

근로소득자에게는 연금저축보험을, 자영업자 또는 주부에게는 연금보험을 추천한다.

② 변액보험

변액보험은 주식, 국채, 공채, 사채 등에 투자해 투자수익을 고객에게 수익을 환급해주는 보험이다. 이 보험은 제1차 세계대전 이후 인플레이션으로 생명보험 급부의 실질가치 저하에 대처하기 위해 고안된 것으로, 네덜란드의 바르다유사가 자산운용실적과 보험금을 연계해 실질가치를 보전할 수 있는 변액보험을 최초로 판매했다. 우리나라에는 2001년 7월에 도입되어 변액보험을 판매하기 시작했으며, 지금까지 유입되는 자금은 꾸준히 늘고 있다.

초저금리로 들어서면서 물가상승률을 헤지(극복)할 수 있는 방안으로 마련된 이 변액보험은 일반 연금보험과 달리 다소 높은 사업비를 뗀다. 그렇기에 수익률은 높아 보일지라도 초기에 해지할 경우 원금 손실이 클 수 있다. 이런 단점에도 불구하고 장기적인 목적이 분명하다면 변액보험만큼 완벽한 장기플랜 금융상품은 없다고 필자는 생각한다.

우리나라에서는 아직도 변액보험에 대한 인식이 좋지는 않다. 이는 처음 변액보험이 판매되기 시작했을 당시 당장 눈앞에 무엇인가 이루어질 것처럼 판매하는 설계사들의 불완전 판매가 변액보험에 대한 불신을 초래하는 데 한몫하지 않았나 싶다.

변액보험을 한마디로 설명하자면 "무조건 10년 이상 유지하라" 이며 "당장 눈앞에 큰돈으로 다가와주지 않는다"이다. 다시 한 번 강조하지만 10년 이상 목돈 마련 재원이나 연금재원으로는 이보 다 더 좋은 상품은 없다고 생각한다.

출산 전 필수!
태아·어린이보험
알아보기

　태아보험은 태아가 태어나기 이전의 발생할 수 있는 선천적 이상이나 출산 과정에서 발생할 수 있는 주산기질환 등에 대해 보장을 받고자 출산 전에 가입하는 보장성 보험이다. 이때 피보험자가 출생신고를 하기 이전에 선천이상 또는 질병이나 상해 등의 후천적 의료사고가 발생할 수 있는데, 태아보험을 가입하면 이 모든 것을 보장해준다.

　20세, 30세로 보장기간이 짧았던 과거와 달리 요즘에는 100세까지 보장기간을 설정할 수 있다. 단순히 자녀, 즉 어린이보험에서 끝나는 것이 아닌 인생 전반에 걸쳐 발생할 수 있는 질병 또는 상해사고에 대한 보장을 미리 준비하는 개념으로 태아보험을 생각하면 된다.

보험을 준비할 때 보장금액이나 보장기간을 중요하게 볼 수 있지만, 그보다 더 중요한 것은 바로 매월 부담해야 하는 보험료다. 태아보험뿐만 아니라 모든 보험을 준비할 때 보험료를 기준에 두고 그 예산안에서 보장금액과 만기를 선택하는 것 좋다. 특히 태아·어린이보험은 보험료 비중이 높은 특약의 경우 보장받는 가입금액보다 보장받는 기간, 즉 만기에서 많은 차이가 난다.

태아·어린이보험 가입 시 30세 만기와 100세 만기 중 어느 것을 선택하는 것이 좋을까? 30세 만기와 100세 만기의 장단점을 먼저 간단하게 정리해보자.

30세 만기의 경우 100세 만기에 비해 보장받는 기간이 매우 짧아 그에 따른 보험료가 100세 만기보다 저렴하다. 그 외에 장점은 없다. 그렇다면 100세 만기는 30세 만기에 비해 어떤 장점과 단점이 있을까? 단점을 먼저 말하자면 30세 만기에 비해 보장받는 기간이 긴 만큼 보험료가 비싸다는 것 외에는 더 이상의 단점은 없다. 이렇듯 보험료에서 장단점이 나눠진다.

그렇다면 100세 만기의 장점은 어떤 것들이 있을까? 여러 측면에서 100세 만기 태아·어린이보험의 장점에 대해 하나하나 살펴보도록 하자.

어린이보험 가입 전 이것만은 꼭!

① 최대한 빨리 가입하라
아이가 건강할 때 일찍 가입하면 보장제한도 없고 보험료도 저렴하다.

② 생명보험사보다 손해보험사
가입자 입장에서는 보험료 청구 시 사본을 제출할 수 있는 손해보험사를 선택하는 게 유리하다. 그뿐만 아니라 사업비도 생명보험사보다 손해보험사가 저렴하다.

③ 만기환급형보다 순수보장형
보험은 만기까지 유지하는 게 무엇보다 중요하기 때문에 보험료 부담이 적은 순수보장형이 유리하다. 아이가 성인이 된 후에 돌려받는 환급금이 목돈이 아닐 수 있다는 점도 생각해야 한다.

④ 만기 설정을 체크하라
암과 뇌혈관질환, 심장질환 등 주요 질병에 대한 보장은 100세 만기로 하되, 골절, 피부, 보험일당비 등에 대해서는 30세 만기로 조정하자.

⑤ 특약은 일정 시점에 삭제하라
일부 비싼 특약은 자녀의 위험률이 떨어지는 초등학교 고학년 시점에 삭제하는 것이 유리하다. 입원일당 특약, 응급실 특약 등을 삭제할 만하다.

자료: 올리브노트 '설계사는 알려주지 않는 아이 보험 가입 잘하는 법'

100세 만기
태아·어린이보험의
5가지 장점

필자는 고객에게 무리가 되는 상황이 아니라면, 태아·어린이보험은 100세 만기로 가입할 것을 권한다. 30세 만기로 가입하기에는 아쉬운 점이 많기 때문이다. 100세 만기로 가입했을 때 장점이 어떤 것이 있는지 5가지로 정리했다.

① 신규 보험가입

30세 만기의 경우 30세 이전 의료사고가 발생하면 만기 도래

후 새로운 보험에 가입하는 것이 어렵다. 다시 말하면 어디가 아팠다면 보험에 가입할 수 없거나 가입이 되더라도 해당 부위는 보장을 하지 않는 조건의 부담보 조건으로 가입하게 된다.

태아보험 가입 시 100세 만기로 선택을 한다면 중간에 의료사고가 발생되더라도 100세까지 보장을 이어갈 수 있다.

② 보장의 범위

태아보험 신규 청약으로 방문 상담을 하다 보면 자연스럽게 과거에 가입한 보험에 대한 증권분석도 하게 된다. 다시 말해 결혼 전 가입한 여러 보험들이다. 이때 다소 보험료의 부담이 있더라도 지금보다 보장의 폭이 넓은 보험들은 해지나 리모델링을 권하기보다 유지할 것을 추천한다. 그 이유는 다음과 같다.

과거에 암이라고 하면 갑상선암이나 대장점막내암도 일반암에 포함되어 암 진단금 가입금액의 100%를 지급했다. 하지만 지금은 일반암에서 제외되어 소액암 또는 기타 경계성종양으로 분류해 암 진단금의 10%만 진단금으로 지급한다.

또한 생명보험 수술특약의 경우 과거에는 수술분류를 1~3종으로 분류해 보장했으나, 지금은 1~5종으로 나눠져 있다. 과거의 수술분류보다 세분화되다 보니 보장금액이 줄어들거나 보장에서 제외되는 경우가 있다.

예를 들어 과거에는 치조골 이식수술(임플란트 시술 시 행하는 수술)을 2종에서 보장해 임플란트 시술 시 혜택을 볼 수 있었다. 따라서 과거 수술분류에 따라 보험에 가입했다면 실손의료보험에서 보장하지 않는 임플란트 시술 비용 부담을 덜 수 있겠지만, 현재 수술보장에서 치조골 이식수술이 제외되었기에 혜택을 받을 수 없다.

이처럼 태아 때 100세 만기로 가입하면 먼 미래에도 현 시점의 좋은 보장을 계속해서 보장받을 수 있어 30세 만기보다는 100세 만기로 가입하는 것을 추천한다.

③ 보험료의 부담

30세 만기 보험의 경우 만기가 되어 새롭게 보험에 가입하려면 30세 나이에 맞는 보험료를 재산출한다. 당연히 나이에 따른 위험률이 상승해 같은 보장이지만 보험료는 태아 때보다 높아진다. 그럴 수도 없지만 30년 전 태아보험을 가입할 당시의 보장을 100세 만기 그대로 가입할 수 있다고 하면, 보장은 같지만 보험료는 과거에 비해 인상된 보험료를 납부해야 한다.

쉽게 말해 태아 때 보험료 5만 원을 20년납을 하고 30세에 보장기간이 만기되어 새롭게 성인보험을 준비한다 하면, 태아 때 가입했던 보장을 30세 성인 기준으로 산출했을 경우 대략 15만 원의 보험료가 산출된다. 그럼 또 다시 15만 원의 보험료를 20년 동안

[만기에 따른 총 납입보험료 비교]

보험료 납입기간 20년 기준

태아   30세 만기

7만 원×240회 = 1,680만 원   20만 원×240회 = 4,800만 원

총 납입보험료 6,480만 원

태아   100세 만기

15만 원×240회 = 3,600만 원

총 납입보험료 3,600만 원

납입하게 된다. 결국 같은 보장을 받는데 보험료 납입기간만 40년으로 늘어나며, 같은 보장을 100세까지 보장받을 때 발생되는 총 납입보험료 또한 처음부터 100세 만기로 가입하는 납입보험료보다 더 높다.

반면 100세 만기는 30세 만기와 비교하자면 다소 높은 보험료로 가입하지만 태아 때는 성인보다 저렴한 보험료가 산출된다. 이때의 보험료를 10만 원이라고 하면 20년 납입 후 100세까지 보장을 받을 수 있으니 보험료를 중복 납입하지 않아도 된다. 즉 실질적으로 보장받는 데 납입하는 보험료는 현저히 적어진다. 또한 자녀의 입장에서는 성인이 되어서 완납을 이미 한 상태에서 보장만

받으면 되기에 경제적으로 보험료 지출을 줄이고 보험료만큼 저축으로 전환할 수 있게 된다.

④ 물가가치

많은 사람들이 지금 준비하는 보험의 보장이 30~40년 뒤에는 가치가 하락해 의미가 없을 거라고 이야기한다. 그렇다고 해서 30~40년 뒤 새로운 보험에 가입하지 않을 것인가? 그때 또 다시 보험에 가입해야 한다면 더욱더 금전 가치 하락에 대비해 지금부터 100세 만기로 준비하는 것이 좋다. 30세가 되면 보장받을 수 있는 보험 자체가 없어지므로 모든 보장을 새롭게 준비해야 한다.

그러나 100세 만기로 가입 시 태아 때 이미 가입한 보험이 있기에 부족분만 가입하면 된다. 예를 들어 30년 후 30세 성인이 준비해야 하는 평균의 암 진단금이 1억 원이라고 하자. 이때 30세 만기로 가입한 고객의 경우 30세에 암 진단금 1억 원을 처음부터 새롭게 준비해야 한다. 당연히 보험료의 부담이 커진다.

반면 태아보험 가입 당시 100세 만기로 5천만 원의 암 진단금을 준비했다고 하자. 30세에 암 진단금 1억 원을 만들고자 한다면 5천만 원의 진단금만 추가로 준비해주면 1억 원이라는 암 진단금이 마련된다. 이를 계산하면 다음과 같다.

100세 만기 가입 후 보완 시

태아보험 가입 당시 암 진단금 1,000만 원당 산출되는 보험료 7,000원

암 진단금 5,000만 원 가입 = 보험료 35,000원 × 20년(240회) = 840만 원

30세에 암 진단금 1천만 원당 산출되는 보험료 15,000원

5,000만 원 추가 준비 = 75,000원 × 20년(240회) = 1,800만 원

태아 때 준비보험료 840만 원 + 30세 준비보험료 1,800만 원 =

26,400,000원

30세 만기 가입 후 30세 때 암 진단금 1억 원 준비 시

태아 때 납입한 30세 만기 암 진단금 1,000만 원당 산출되는 보험료 370원

5,000만 원 가입 시 = 보험료 1,850원 × 20년(240회) = 444,000원

기존 태아보험 가입 당시 30세 만기로 인해 30세 이후 암 진단금이 0원

이라면 1억 원 준비 시 1,000만 원당 15,000원

1억 원 가입 시 = 150,000원 × 20년(240회) = 3,600만 원

30세 만기 보험료 444,000원 + 30세 준비보험료 3,600만 원 =

36,444,000원

어떤 것이 경제적으로 더 이익인가를 간단하게 계산해봐도 쉽게
알 수 있다. 위의 보험료가 현재 기준임을 감안할 때 30년 후에는
더 높은 보험료가 산출되는 것이 당연하며, 보험료 부담은 더욱 커
질 것이다. 물가가치 상승에 따른 보험금이 걱정된다면 추후 부족
분만큼 보완을 해주면 된다.

⑤ 없던 질병이 생길 경우

"어릴 때는 없던 질병이 성인이 되어 새롭게 발견된다면 보장받을 길이 없으니 어린이보험을 다시 가입해야 하는 것 아닌가요?" 필자가 태아보험 상담을 받을 때 종종 받는 질문이다. 한 번 생각을 해보자.

2008년 광우병 사태로 많은 이들이 미국산 소고기 수입 반대를 외쳤다. 이 일이 벌어지기 전까지는 우리가 먹는 소고기로 인해 광우병에 걸릴 수도 있다는 생각은 아무도 하지 않았을 것이다. 또한 보험회사에서도 이에 대한 언급이 전혀 없었고 특약이나 담보 구성에서도 찾아볼 수 없었다. 그런데 미국산 소고기 수입 반대 집회 이후 보험회사에서는 그간 없었던 크로이츠펠트-야콥병(CJD, 속칭 인간광우병) 진단금이라는 특약을 신설했다. 그렇다면 2008년도 이전 보험에 가입한 고객들에게는 광우병 진단 시 보장을 하지 않는 것일까?

다른 예로 크론병이라는 만성염증성 장질환을 알아보자. 2012년 즈음 TV에서 모 연예인이 이 병을 앓고 있다는 사실이 방송되면서 많은 사람들이 관심을 가졌다. 보험회사는 즉시 크론병 진단금 특약을 신설했다. 안타깝게도 필자의 지인 2명이 이 크론병을 앓고 있었고, 2006년 필자를 통해 보험에 가입했다. 그렇다면 그들은 모두 크론병으로 치료 후 가입한 보험에서 보장을 받지 못했을까?

모두 아무런 문제없이 보장을 받았다. 특약으로 명시되어 있느냐 없느냐는 보장을 받고 못 받고의 문제가 아니다. 수천 수만 가지 질병과 상해사고가 있는데, 이것들이 모두 특약으로 나열되지 않았다 해서 보장을 받지 못하는 것은 아니다. 해당 질병 발생 시 추가적으로 더 받냐 못 받냐의 차이일 뿐이다.

배상책임의 위험을 담보하는 배상책임보험

　배상책임보험이란 피보험자가 보험사고로 타인의 재산이나 신체에 손해를 입혔을 경우 법률상 배상해야 할 책임이 있는 손해를 담보하는 보험이다.

　예를 들어 음식점에서 밥을 먹다가 치아가 손상된 경우, 또는 자녀가 장난감으로 타인의 자동차에 흠집을 내는 경우, 이동 중 부주의로 타인의 휴대전화나 노트북을 떨어뜨리게 해 파손을 입혔을 경우 등 여러 사안이 배상책임보험 배상에 포함된다. 쉽게 말해 피보험자가 뜻하지 않게 타인에게 피해를 입힌 경우 보험회사가 피보험자를 대신해 피해자에게 손해를 보상해주는 보험인 것이다. 현실적으로 배상책임이 발생하는 위험의 형태와 대상이 매우 다양하다는 점에서 배상책임보험 역시 계속 개발되고 있다.

✅ 피보험자의 범위

배상책임보험은 주로 손해보험의 특약 형태로 판매되고 있다. 일상생활배상책임보험, 가족일상생활배상책임보험, 자녀일상생활배상책임보험으로 나눌 수 있으며, 특약별로 피보험자의 범위는 조금씩 다르다.

일상생활배상책임보험의 경우 보험증권에 기재된 본인 및 배우자, 그리고 13세 미만의 자녀까지 해당된다. 가족일상생활배상책임보험의 경우 일반생활배상상책임 보험에 해당되는 배우자와 자녀는 물론 함께 살고 있는 친족까지도 포함된다. 마지막으로 자녀일상생활배상책임보험의 경우 피보험자의 자녀만이 특약의 보상 범위다.

✅ 배상책임보험의 보상

부부가 각각 일상생활배상책임보험에 가입했다고 가정해보자. 1억 원의 피해가 발생한 경우 실손으로 보상하게 되는데, 이때 각

각 1억 원이 아닌 남편 보험 5천만 원, 아내 보험 5천만 원으로 합산하며, 비례보상을 한다. 다시 말해 각각 1억 원 보상으로 중복 보상이 아닌 피해금액 한도 내에서 합산금액이 피해보험금으로 비례보상 지급된다.

본인의 집에서 누수가 발생해 아랫집에 피해보상을 해야 한다. 아랫집 피해액에 대한 보상은 물론 추가로 본인의 집 누수공사로 인해 피해보상도 가능할까?

피해방지원칙에 따라 아랫집에 피해를 더 이상 주지 않기 위해 본인의 집 누수원인을 차단하는 직접적인 공사에 대해서는 배상책임보험임에도 불구하고 보장받을 수 있다. 누수의 원천적 원인을 차단하지 않으면 아랫집에 피해보상을 해주더라도 반복적으로 피해가 발생해 보험사의 손해가 높아지기 때문이다.

이때 누수공사 시 공사 전에 누수가 발생하는 위치의 동영상 또는 사진을 촬영해두는 것이 좋으며, 아랫집의 피해 발생 상황도 함께 촬영해두도록 하자.

집에서 키우던 반려견을 데리고 산책을 하던 중 반려견이 6살짜리 꼬마를 물어 상처를 남기는 사고가 생겼다. 이와 같은 경우 배상책임보험에서 보상이 가능할까?

물론 가능하다. 민법에서 키우던 반려견이 타인의 신체에 피해를 입혔을 경우 반려견의 주인이 피해를 보상해야 할 의무가 있다고 판단한다. 배상책임보험은 건물이나 타인의 신체나 물건에 피해를 입혔을 경우에만 해당하는 것이 아니라 자신이 키우던 동물에게까지도 적용이 된다.

이때 반려견이 피보험자의 반려견임을 증명해야 한다. 예를 들면 반려견과 함께 찍은 사진이나 기타 피보험자의 반려견임이 증명될 수 있는 서류 또는 증인을 회사는 요청할 수 있다.

자동차 구입과 동시에 알아야 하는 자동차보험

　자동차를 처음 구입하는 사람은 자동차 구입과 동시에 자동차보험에 가입해야 한다. 자동차보험이란 자동차를 소유, 사용, 관리하는 동안 발생한 사고에 대해 보상하는 보험이다. 사고로 인한 직접적인 피해를 보상해준다.

　자동차보험은 크게 의무적으로 가입해야 하는 책임보험과 운전자의 필요에 따라 선택해 가입하는 종합보험이 있다. 종합보험은 책임보험에서 보상하는 한도 이상의 보상, 무보험차상해, 운전자의 대인사고, 차량파손에 대한 보상을 해준다.

특히 책임보험은 다른 말로 의무보험이라고 한다. 이는 자동차 사고 발생 시 손해배상을 하는 보험으로 피해자를 보호하기 위해 강제적으로 가입해야 하기 때문이다. 책임보험에 가입하지 않았을 경우 자동차손해배상보장법 위반으로 과태료가 부과된다. 또한 의무적으로 가입해야 하는 보험이다 보니 자동차 등록 또는 기본 보험의 만기 후 책임보험에 가입하지 않을 경우 날짜에 따라 과태료가 부과된다.

[의무보험 미가입 시 과태료]

구분	지연기간별 과태료		
	10일 미가입	10일 초과 1일당	최고액
대인배상 I	1만 원	4천 원	60만 원
대물배상	5천 원	2천 원	30만 원

✅ 책임보험(의무보험)의 보장범위

의무적으로 가입하는 책임보험의 보장범위는 대인에는 크게 부상, 장해, 사망으로 나뉘며 대물로 구분지어 보장하며 보장금액은 표를 참고하자.

[책임보험]

대인			대물	
한도금액	부상	상해급수별 한도금액 내 보상	한도금액	한 사고당 2천만 원
	장해	장해급수별 한도금액 내 보상		
	사망	1억 5천만 원 한도 내 보상		

[대인배상 I 보장내용 및 지급한도]

구분	보장내용	지급한도	
		2016년 3월 31일 이전 사고	2016년 4월 1일 이후 사고
사망	사망1인당 실제손해액 (장례비, 위자료, 상실수익액) 지급	최대 1억~ 최저 2천만 원	최대 1억 5천만~ 최저 2천만 원
부상	부상등급별 실제손해액 (치료비, 위자료, 휴업손해) 지급	1급(2천만 원)~ 14급(80만 원)	1급(3천만 원)~ 14급(50만 원)
후유장해	장애등급별 실제손해액 (위자료, 상실수익액, 간호비) 지급	1급(1억 원)~ 14급(630만 원)	1급(1억 5천만 원)~ 14급(1천만 원)

자료: 보험연수원 교육자

✅ 종합보험의 보장범위

종합보험은 특약을 별도 가입함으로서 대인의 보장한도를 높이거나 대물의 보장범위를 확대할 수 있다. 또한 뺑소니나 무보험차로부터 피해를 입었을 경우 보상하는 무보험차상해, 피보험자의 부상 또는 장해·사망 등을 추가적으로 보상하는 자기신체사고, 피보험자의 차량파손을 보상하는 자기차량손해 등이 있다. 한마디로 종합보험은 자신을 위한 보장이라고 생각하면 된다.

특히 자기신체사고 특약은 자기신체사고(자기신체손해)와 자동차상해 특약으로 분류된다. 자기신체사고, 즉 자손은 자동차 사고 발생 시 피보험자에게 인명피해가 발생했을 경우 상해등급을 14등급으로 나누어 등급에 따라 정해진 금액을 지급한다. 만약 사고로 인해 피보험자가 14등급을 받고 의료비가 100만 원이 발생했다고 가정하자. 이 경우 14등급의 보장금액이 50만 원이라면 실질적으로 발생한 의료비가 100만 원일지라도 50만 원만 지급한다. 또한 치료비와 장해보험금 이외의 합의금 또는 기타 손실에 대해서는 추가 보상하지 않는다.

반대로 자동차상해는 보험료가 조금 비싼 편이지만 가입금액 한도 내에서 치료비 전부를 보상함은 물론 사고로 인해 발생되는 휴업의 손실까지도 보장한다.

정리하자면 자기신체사고와 자동차상해는 피보험자가 죽거나

[자기신체사고와 자동차상해 특약 비교]

	자기신체사고	자동차상해
가입한도	사망·장해: 1,500만 원, 3천만 원, 5천만 원, 1억 원 부상: 1,500만 원, 3천만 원	사망·장해: 1억 원, 2억 원, 3억 원 부상: 1천만 원, 2천만 원, 3천만 원
급별 한도 존재 여부	장해: 1~14급 부상: 1~14급	가입금액 한도만 있고 급별 한도는 없음
타차 대인배상 보험금 선지급 가능 여부	없음	있음
대위권행사 여부	없음	있음
안전벨트 공제 여부	운전석 또는 그 옆 좌석 20%, 뒷좌석 10%	공제 없음
합의금 지급 여부	치료비, 장해보험금 지급	위자료, 휴업손해, 일실수입 등 손해배상금을 산정해 지급

다친 경우에 보상해준다는 점에서 공통점이 있지만, 자기신체사고보다 자동차상해의 보장금액이 더 크다고 할 수 있다.

자동차보험 보장영역 구분하기

① 대인: 자동차로 타인을 죽거나 다치게 했을 때 피해액을 보상
　①-1 대인 I: 내가 낸 사고로 인해 타인이 사망하거나 다쳤을 경우 보상
　①-2 대인 II: 내가 낸 사고로 인해 타인이 사망하거나 다쳤을 경우 보상,
　대인I에서 지급할 수 있는 금액을 초과했을 경우 대비해 가입하는 담보

② 대물: 내가 낸 사고로 타인의 차량이나 재물을 훼손했을 경우 보상

③ 자손, 자상 중 선택: 가입한 자동차로 상해를 입은 경우 그로 인한 손해 보상
　③-1 자손(자기신체사고): 상해급수별로 보상범위 한도 내에서 치료비 보상
　③-2 자상(자동차상해): 치료비, 위자료, 휴업손해, 합의금 보상, 동승자도
　보상

④ 자차(자기차량손해): 가입한 자동차에 직접손해가 발생한 경우 손해액을 보상

사고로 인한
간접적 비용을 보상하는
운전자보험

　운전자보험은 자동차보험에서 보상하는 보장 이외의 보험으로서 의무보험에는 해당하지 않으나 함께 준비하면 매우 유용한 보험이다. 운전자보험이 자동차보험과 다른 점은 대인과 대물의 직접적인 피해를 보상하는 자동차보험과 달리 자신이 교통사고의 가해자가 되었을 때 자신을 보호하기 위한 보험이라는 사실이다. 벌금, 교통사고 처리지원금, 변호사 선임비용 등으로 구성되어 있다.

① 벌금

피보험자가 자동차 운전 중 사고로 인해 타인의 신체에 상해를 입힘으로써 신체상해와 관련해 받은 벌금액을 사고당 2천만 원 한도로 실비 보상한다. 이때 벌금은 법원의 확정 판결에 의해 정해진 벌금액을 말한다.

② 교통사고 처리지원금

피보험자가 자동차 운전 중 사고로 인해 타인에게 상해를 입힌 경우에는 매 사고의 피해자 각각에 대해 피보험자가 형사합의금으로 지급한 금액을 지급한다. 이때 타인이라 함은 부모, 배우자, 자녀를 제외한다. H사의 교통사고 처리지원금 보험약관을 참고하면 더욱 이해하기 쉬울 것이다.

③ 변호사 선임비용

피보험자가 자동차 운전 중 사고로 인해 타인의 신체에 상해를 입힘으로써 구속영장에 의해 구속되거나 검찰에 의해 공소제기 된 경우에는 변호사를 선임하게 된다. 이때 발생되는 변호사 선임비용으로 입금한 입금액을 보상한다.

[H사 교통사고 처리지원금]

보험금의 종류	지급금액
자동차 운전 중 사고로 피해자를 사망하게 한 경우	형사합의금 (3천만 원 한도)
자동차 운전 중 '중대법규위반 교통사고'로 피해자가 42일(피해자 1인 기준) 이상 치료를 요한다는 진단을 받은 경우	진단일 / 형사합의금 42~69일 / 1천만 원 한도 70~139일 / 2천만 원 한도 140일 이상 / 3천만 원 한도
자동차 운전 중 '일반교통사고'로 피해자에게 중상해를 입혀 형법 제258조 제1항 또는 제2항, 형법 제268조, 교통사고처리특례법 제3조에 따라 검찰에 의해 공소제기되거나 자동차손해배상보장법 시행령 제3조에서 정한 상해급수 1급, 2급 또는 3급에 해당하는 부상을 입힌 경우	형사합의금 (3천만 원 한도)

주요하게 봐야 할 특약에는 어떤 것들이 있을까?

✅ 질병후유장해

보통 후유장해라고 함은 교통사고나 기타 상해사고로 발생되는 장애를 생각한다. 하지만 상해후유장해 이외에 질병후유장해가 있는데 이는 우리가 알고 있던 상해후유장해보다 실질적으로 더 많이 발생된다.

예를 들어 보자. 일반적으로 질병후유장해라고 하면 쉽게 뇌성마비나 소아마비를 생각할 수 있지만 그것뿐만 아니라 위암으로

위 절제 시 50% 후유장해 진단이 내려진다. 또 노년에 무릎관절이 좋지 않아 인공관절 수술을 하게 되는 경우 30%의 후유장해 진단이 내려진다. 이때 인공관절 수술은 양쪽 다리를 함께 하는 일이 많아 60%의 후유장해 진단을 받을 수 있다. 이처럼 질병후유장해는 인간이 나이 듦에 따라 여러 질병과 각 신체기능 문제로 인해 다양하게 나타난다.

일반적인 보험에서는 질병후유장해 80% 이상 시 또는 질병고도후유장해일 때는 주요하게 보장한다. 이는 다시 말해 회사의 손해률이 높다는 것으로 생각할 수 있다. 간혹 손해보험사에서는 3%부터 보장하는 회사나 상품이 있으니 만약 보험을 새롭게 준비하고 있다면 손해보험사의 상품에 주목하자.

기타 각 신체기능상실에 따른 질병후유장해에 대해서는 다음 페이지의 후유장해 분류 그림을 참조하자.

✅ 뇌혈관 진단금과 허혈성 심장질환 진단금

우리나라 주요 사망원인 중 1, 2, 3위를 나열하자면 암, 뇌혈관질환, 심혈관질환이다. 이 때문에 실비를 포함해 별도의 암보험은 물론 2대 질환, 즉 뇌혈관질환과 허혈성 심장질환에 대한 특약을 별도로 많이 가입한다. 주요한 것은 생명보험사는 뇌출혈과 급성심근경색을 보장하며, 손해보험사에서는 뇌졸중과 급성심근경색

후유장애 분류

약간의 치매(CDR척도 2점): 40%
뚜렷한 치매(CDR척도 3점): 60%
심한 치매(CDR척도 4점): 80%
극심한 치매(CDR척도 5점): 100%

한쪽 눈의 교정시력이 0.1 이하: 15%
한눈이 멀었을 때: 50%

한 귀의 청력에
약간의 장해를 남긴 때: 5%
(약간의 장해: 50cm 이상의 거리에서
보통의 말소리를 알아듣지 못하는 경우)
두 귀의 청력을
완전히 잃었을 때: 80%

치아에 5개 이상 결손: 5%
치아에 7개 이상 결손: 10%

심장, 폐, 신장, 간장의 장기이식
을 한 경우 또는 혈액투석: 75%
위, 대장, 췌장 전부 절제: 50%

소장, 간장 3/4 이상 절제: 50%

약간의 추간판탈출증: 10%
뚜렷한 추간판탈출증: 15%
심한 추간판달출증: 20%
(추간판탈출증=디스크)

양쪽 고환, 양쪽 난소를 절제: 50%
(자궁적출술이 여기에 해당)

한 손의 첫째 손가락 상실: 15%
한 손의 5개 손가락 모두 상실: 55%
*손가락 장해 합산 적용

고관절, 무릎관절, 발목관절
한 쪽 무릎 인공관절 삽입: 30%
양 쪽 무릎 인공관절 삽입: 60%

한 발의 첫째 발가락 상실 10%
한 발의 5개 발가락 상식: 30%
*발가락 장해 합산 적용

*정확한 후유장해 분류는 해당 약관을 참조

을 보장한다는 사실이다.

　하지만 어린이보험이나 성인보험 중에서도 뇌혈관과 허혈성 심장질환 진단금을 보장하는 회사와 상품이 있으니 2대 질환 중 폭넓게 보장받고자 한다면 해당 회사의 상품을 준비하는 것이 좋다. 특히 어린이보험에서는 뇌혈관과 허혈성 심장질환 진단금을 최고 3천만 원까지 보장하는 보험이 있다. 성인보험에서는 나이에 따라 200만~1천만 원으로 가입할 수 있는, 상대적으로 한도가 매우 작거나 없는 상품이 많다. 따라서 자녀의 보험을 준비할 때 꼭 뇌혈관 진단금과 허혈성 심장질환 진단금을 충분하게 추가해 준비하기를 추천한다.

　허혈성 심장질환과 뇌혈관의 보장범위는 다음 표와 같다.

[심장질환 보장범위]

대상질병	급성심근	허혈성
협심증	×	○
급성 심근경색증	○	○
이차성 심근경색증	○	○
급성 심근경색증에 의한 특정 현존 합병증	○	○
기타 급성 허혈성 심장질환	×	○
만성 허혈성 심장병	×	○

[뇌질환 보장범위]

대상질병	뇌출혈	뇌졸중	뇌혈관
지주막하출혈	○	○	○
뇌내출혈	○	○	○
기타 비외상성 두개내출혈	○	○	○
뇌경색증	×	○	○
출혈 또는 경색증으로 명시되지 않은 뇌졸중	×	×	○
뇌경색증을 유발하지 않은 뇌전동맥의 폐쇄 및 협착	×	○	○
뇌경색증을 유발하지 않은 대뇌동맥의 폐쇄 및 협착	×	○	○
기타 뇌혈관질환	×	×	○
달리 분류된 질환에서의 뇌혈관장애	×	×	○
뇌혈관질환의 후유증	×	×	○

✅ 대장점막내암

암세포의 침윤 정도에 따라 제자리암, 경계성종양, 암으로 분류를 할 수 있다. 보통 암을 분류할 때에는 상피세포층, 점막고유층, 점막근층, 점막하층으로 나뉘고 점막하층까지 세포가 침범하였을 때를 우리는 암으로 본다.

대장점막내암의 경우 대장의 상피세포층에서 발생한 악성종양 세포가 기저막을 뚫고 내려가서 점막 고유층 또는 점막근층을 침범했으나 점막하층까지는 침범하지 않은 상태의 질병을 말한다. 대장은 맹장, 충수, 결장, 직장이다.

[대장점막내암 예시]

악성종양세포 침범 깊이

대장암의 경우 질병분류코드가 악성신생물 코드인 C코드가 발급된다. 그러나 대장점막내암의 경우 대장암으로 가는 과정, 즉 그 침윤의 정도가 다르기 때문에 악성신생물로 판단하지 않고 기타 경계성종양으로 보는 경우가 보통이다. 그렇다 보니 진단코드 또한 C코드가 아닌 D코드로 발급된다.

D코드의 경우 보통의 보험회사들이 기타경계성종양으로 분류해 암 진단금의 10%만 지급한다. 하지만 K손보사를 비롯해 아직 대장점막내암을 일반암 진단금으로 지급하는 회사가 있으니 상품을 선택할 때 이 부분을 주의깊게 살펴보도록 하자.

✓ 특정질병수술비

우리가 가입한 또는 가입하기 위해 받은 설계서에 질병수술이나 상해수술 같은 수술보장급부를 쉽게 볼 수 있다. 질병수술비를 보장하는 급부 중에 '특정질병수술비 특약'이라는 항목을 어렵지 않게 볼 수 있는데, 이 특정질병에는 무엇이 해당하는지 알아보도록 하자.

특정질병이란 국가나 보험회사가 공통으로 지정하는 질병은 아니다. 질병수술비 이외에 추가적으로 보장하기 위해 각 보험사에서 수술분류를 별도로 구성하며, 보장금액도 10만~30만 원으로 적은 편이다.

질병수술의 범위가 광범위해 아주 간단한 수술 시에도 가입금액을 지급해야 하기에 질병수술비 보장이 크면 보험회사의 손해률도 그만큼 커지게 된다. 그래서 질병수술비에 대한 보장은 작게 하고 별도의 특정질병수술비 특약을 마련해 주요한 수술에 대해 보장을 높여주는 역할을 한다.

질병수술비가 있음에도 특정질병에 대한 수술특약이 구성된 이유는 질병수술비에 대한 보장이 작기 때문이다. 또한 진단금과 같이 의료실비에서 보장하는 범주 밖의 의료비와 후유장해 또는 간병비 등 실비 이외에 발생되는 비용으로 인한 경제적 손실을 최소화하기 위해서다.

각 질병수술 분류에 따라 보장하는 급부나 범위가 다른 만큼 수술특약을 선택할 때는 넓은 범위의 보장을 선택해주는 것이 좋다. 수술비를 보장하는 특약 또한 진단금의 역할처럼 의료비 이외에 발생되는 추가적인 금전적 손실을 방지하기 위함과 추후 발생되는 재활 또는 요양 목적의 치료자금으로 유용하게 활용할 수 있다.

✓ 조혈모세포이식 수술비 특약

조혈모세포를 이식하는 수술을 행했을 경우 가입금액을 지급하는 특약이다. 조혈모세포는 골수에 존재하면서 증식과 분화 등을 통해 백혈구, 적혈구 및 혈소판 등의 혈액세포를 만들어내는 능력을 지닌 세포로, 성인의 골수에 1% 정도 존재한다. 흔히 '골수이식을 한다'고 표현하는데, 이를 조혈모세포를 이식한다고 생각하면 된다. 악성혈액질환, 중증 재생불량성 등의 난치성 혈액질환을 치료에 이용하고 있다.

최근에는 조혈모세포 이식이 유전성 대사질환, 선천 결핍증 등 다양한 질환에서도 유일한 또는 가장 우수한 치료방법으로 사용된다. 조혈모세포의 경우 태어날 때 탯줄에도 존재하기에 추후 조혈모세포를 이식해야 할 경우를 대비해 출산 시 자른 탯줄을 보관, 즉 탯줄 안에 포함된 조혈모를 보존하기 위해 제대혈을 보관하기도 한다.

✅ 크론병 진단비 특약

크론병이란 국소성장염으로, 입에서까지 소화관 전체에 걸쳐 어느 부위에서든지 발생할 수 있는 만성 염증성 장질환이다. 과거에는 발병이 드물었지만 발병률이 점차 빠르게 증가하고 있어 특약에 대한 관심도 늘고 있다. 일종의 만성질환과도 같아 꾸준히 약을 복용해야 한다.

크론병 진단비 특약은 한국표준질병사인분류에 있어서 크론병(K50)에 해당되면 지급하는 특약이다. 보험기간 중 크론병으로 진단 확정된 경우 최초 1회에 한해, 계약기간 1년 미만일 경우는 가입금액의 50%를, 1년 이상일 경우 가입금액의 100%를 진단비로 지급한다.

할 수 있다!
보험가입
실전 Q&A

✔ 사회 초년생에게 추천하는 플랜

Q. 이제 막 사회생활을 시작한 25살 여자입니다. 보험가입이 처음인데 어떤 보험을 어떻게 가입해야 할까요?

보험이 전무한 사회 초년생은 종합적인 보장을 하나의 증권 안에 모두 포함해 설계하면 좋다. 필자가 추천하는 구성은 다음과 같다. '실비특약 + 암 진단금 3천만 원 + 뇌졸중 진단금 + 급성심근 경색 진단금 + 질병·상해수술특약'을 기본으로 해서 준비한다. 이때 모든 특약을 100세 만기로 설정하기보다는 암 진단금만이라도 80세로 정하면 좋겠다.

그렇다고 해서 자신의 재정 상태를 고려하지 않은 무리한 보험료를 책정해서는 안 된다. 적정 수준에서 보장성 보험료를 지출하고 여유 자금으로는 연금 내지 목돈 마련 장기저축을 준비하는 것을 추천한다.

✅ 맞벌이 부부의 보험 플랜

Q. 맞벌이인데 보험을 어떻게 구성하는 것이 좋을까요?

보험가입은 기본적으로 소득 여부에 따라 구성이 달라진다. 예를 들어 전업주부는 사망보험금이나 진단금의 가입금액을 높게 책정하지 않는다. 사망보험금이나 진단금 관련 보험에 가입하는 목적이 생활비를 대신하기 위함인 것을 감안하면, 소득이 없는 피보험자가 사망 또는 중대질병 진단을 받더라도 경제적으로 어려움을 겪지는 않을 것이기 때문이다. 다만 간병이나 기타 의료비 이외의 비용이 발생해 진단금을 준비하기는 한다.

맞벌이로 남편과 아내 모두가 소득활동을 하는 만큼 사망 또는 중대한 질병 진단 시 휴직 또는 퇴직에 따른 소득상실 부분을 감안해야 한다. 두 사람 모두 사망보험금과 진단금을 충분히 보장받을 수 있도록 설계하도록 하자.

✓ CI보험을 유지해야 할까?

Q. 30세 주부입니다. 2011년 S생명보험사의 CI보험에 실비특약으로 가입된 것이 있습니다. CI보험이 안 좋다고들 하는데 어떻게 해야 할까요?

CI보험이 무조건 안 좋은 것은 아니다. 중대한 질환 진단 시 선지급이라는 기능 덕에 사망보험금을 미리 수령해 치료 목적 자금으로 활용할 수 있어, 무조건 나쁘다고만 말하는 것은 옳지 않다.

하지만 그 기능이 우리가 생각하는 중대한 질병 모두에 해당되는 것이 아니라 보장받는 데 애매한 부분이 있다. 또 사망보험금을 선지급하기 때문에 선지급된 사망보험금이 그만큼 줄어든다.

질문자의 경우 주부이기에 주보장이 사망보장인 만큼 주계약을 최소로 감액하고 실비특약을 제외한 나머지 갱신특약에 대해서 모두 삭제하기를 추천한다. 그리고 암 진단금 2천만 원, 뇌졸중, 급성심근경색증, 그리고 각종 수술담보를 추가해 보완해주는것이 좋다.

CI보험은 사망보장과 선지급이 주된 보장이다. 그 외 특약 구성에 부족한 부분이 많고 중대한 질병에 대한 보험금 지급사유가 낮은 만큼 반드시 각각에 대한 진단금 및 수술특약을 별도로 구성하도록 하자.

✅ 추가 보험가입에 대한 진단

Q. 초등학생 자녀 둘을 둔 40세 가장입니다. 결혼 전 가입한 보험이 있기는 하나 보장이 약한 것 같아 추가로 가입하려 합니다. 어떻게 가입하는 것이 좋을까요?

먼저 기존에 가입된 보험증권을 분석하자. 현재 초등학생 자녀를 둔 가장이라면 사망보험금은 물론 암 진단금과 같이, 발생확률이 높고 발생 시 소득이 중단될 수 있는 중대한 질병들에 대해 탄탄하게 준비하는 것이 필요하다.

이미 가입한 보험이 있어 가입 시 보험료가 높게 산출될 수 있음을 감안해 최소의 보험료로 최대의 효과가 나올 수 있게 설계하는 것이 중요하다. 질문자는 80세 만기나 종신처럼 만기가 긴 것을 가입하기보다는 과거 가입한 보험을 바탕으로 초등학생 자녀가 경제적으로 독립하기 전까지 탄탄하게 준비해줄 수 있는 보험상품에 관심을 가져야 한다. 20년 갱신형 또는 정기보험으로 특정시기에 집중적으로 보장받는 것이 좋다.

✅ 사업자를 위한 보험 플랜

Q. 사업하는 남편에게 적합한 보험은 어떤 것이 있을까요?

사업을 하는 남편의 보험은 직장인 남편의 보험과 다를까? 분명

다르다. 급여소득자라면 급여 안에서 집안의 생활만을 꾸려가면 되지만, 사업을 하는 경우 집안의 생활뿐만 아니라 사업장의 현금 흐름은 물론 운영에도 영향이 있다.

만약 사업자가 부재중일 때 리스크가 생기기 때문에 다소 과정이 복잡해진다. 사업자의 부재에 따른 기업가치 하락은 물론 경영에도 어려움이 발생한다. 남편이 사업자라면, 자신이 이를 이어받을 수 없는 상황이라면 부재 상황을 대비해 탄탄하게 준비하는 것이 좋다. 더욱이 임직원이 아닌 임원의 보장성 보험에 대해서는 모두 비용 처리가 가능해 절세에도 도움이 된다.

✅ 회사 단체보험이 실비를 대신할 수 있을까?

Q. 회사 단체보험에 가입되어 있는데 실비를 굳이 가입해야 할까요?

많은 직장인들이 고민을 하고 있는 부분이다. 실비는 중복으로 보장되지 않는다고 하는데 굳이 따로 비용을 지출하며 실비를 가입해야 하는가?

당장 하루이틀의 문제라면 사실 가입하지 말라고 말해주겠지만 직장 내 실비가 되었든 공상처리가 되었든 의료비에 대한 보장은 직장에 근속하는 동안에만 해당된다는 점을 명심해야 한다. 퇴사 후 실비보험을 새롭게 준비해야 하는데 퇴직을 앞두고 질병이나 상해사고가 있었다면? 또는 암 같은 중대질환으로 어쩔 수 없이 퇴사해야 한다면 병만 가지고 퇴사를 할 것인가? 그 이후 의료비에 대한 보장은 누가 지원하는가?

정리하면 회사에서 어떠한 명목으로 의료비를 지원하더라도 재직 기간 동안에만 보장하는 만큼, 퇴사 후를 생각해 건강할 때 개인적으로도 준비해주는 것이 좋다.

✅ 15세 이상 자녀의 종신보험 가입

Q. 이제 15세가 된 자녀의 보험을 알아보던 중 종신보험을 제안받았습니다. 이 보험에 가입하는 것이 맞을까요?

강조하지만 종신보험의 주된 목적은 사망보장이다. 사망보험금이 필요한 이유는 보장의 대상이 되는 피보험자가 사망 시 발생하는 경제적 어려움을 대비하기 위함이다. 과연 15세 자녀가 사망한다 해서 가계 경제가 흔들리는가?

물론 보험은 일찍 가입하는 것이 보험료가 저렴해 유리한 부분이 있다. 그러나 어린 자녀에게는 사망보장보다는 암, 뇌혈관, 허혈성 진단금, 입원 일당 등 보험회사의 손해률이 높아 성인이 되어 가입하기에 보험료가 높고 보장받을 수 있는 확률이 높은 진단금이나 기타 보장들을 마련해주는 것이 좋다.

만약 종신보험을 가입하게 되면 종신보험의 높은 보험료로 인해 기타 다른 보장에 대한 준비를 하기 전 이미 보험료가 부담스러울 수 있다. 그렇게 되면 종신보험에서는 보장하지 않고 어린이보험으로는 가입할 수 있는 몇몇 담보들을 놓치고 갈 수도 있다. 상대적으로 저렴한 가격에 좋은 보장을 준비할 수 있는 시기를 놓치게 되는 것이다.

이런 이유로 어린 자녀에게 종신보험 가입은 추천하지 않는다.

✅ 100세 만기 태아보험으로 갈아타기

Q. 자녀가 현재 8세인데 태아보험 만기가 30세로 짧은 것 같아 100세 만기로 갈아타려 합니다. 어떻게 하면 좋을까요?

2010년도 이전에 가입한 대부분의 태아·어린이보험 고객들의 경우 대부분 만기가 27세 또는 30세로 보장기간이 지금의 100세보다 짧다. 그래서 기존에 가입한 태아·어린이보험을 해지하고 100세 만기로 갈아타기를 고민하거나 갈아타고 있다.

이때 분명 알아야 할 것이 있다. 과거 가입시기보다 현재 가입하는 보험에서 보장하는 실비 구조가 다르다는 점이다. 2009년 9월 이전의 가입했다면 실비는 100% 보장, 통원은 진료비·약제비 5천만 원을 공제하고 보장한다. 2009년 10월 이후 가입했다면 진료비가 5천만 원 한도 90% 보장이며, 통원치료비는 의원 1만원, 병원 1만 5천 원, 종합병원·대학병원 2만 원을 공제 후 나머지 금액에 대해 20만 원 또는 25만 원 한도로 보장한다. 약제비는 8천 원

공제 후 5만 원 또는 10만 원 한도 내에서 보장한다.

또한 2012년 이후 실비에서는 진료비 항목 중 급여 90%, 비급여 80%로 급여와 비급여 환자 부담액이 달라졌다. 2013년 3년 갱신이었던 실비 갱신주기가 1년 갱신으로 변경되어 현재는 1년 갱신 15년 재가입으로 15년 뒤에 변경되는 상품으로 재가입이 된다. 또한 기존 입원의료비나 통원의료비에서 보장하던 도수치료, MRI, 비급여주사제 등이 별도의 특약으로 구성되었으며 공제금액 30%로 기존보다 환자 부담액이 늘었다.

이런 이유로 무조건 100세 만기로 갈아타기보다는 기존 보험을 유지하면서 과거에 보장하지 않던 뇌혈관, 허혈성 진단금 특약과 암 진단금, 일당입원금, 질병·상해수술비 특약 정도를 추가 보완해주고, 기존 실비가 만기되기 2~3년 전에 단독실비로 가입해주는 것이 효율적이다.

PART

3

이미 보험에
가입했다면
효율적 사용법을
알아보자

보험에 따른
보장과
보험금의 지급

　보험금을 청구하는 사유는 매우 다양하다. 일반적으로 상해 또
는 질병으로 인한 의료사고의 경우 대부분이 포함된다. 실비의 경
우 중복보장이 되지 않는 점을 꼭 참고하고, 단체보험이나 자동차
보험에서 실비를 지급했을 경우 차등 지급 또는 면책사항에 해당
될 수 있음을 기억하기 바란다.

　의료실비를 예로 들어 전반적인 보장이나 설명을 하자면, 고의
로 자신의 신체를 상하게 했을 경우 보상에서 제외된다. 다만 고의
적인 행동에도 불구하고 지급되는 경우가 있다. 피보험자가 심신

상실 등으로 자유로운 자신의 의사결정을 할 수 없는 상태에서 자신을 해친 것이 증명될 경우 보상된다. 보험회사는 다음에 해당하는 사유로 인한 손해는 보상하지 않는다.

- 보험계약자, 피보험자 또는 이들의 법정대리인의 고의로 생긴 손해에 대한 배상책임
- 전쟁, 혁명, 내란, 사변, 테러, 폭동, 소요, 노동쟁의, 그 밖에 이와 유사한 사태로 생긴 손해에 대한 배상책임
- 지진, 분화, 홍수, 해일 또는 이와 비슷한 천재지변으로 생긴 손해에 대한 배상책임
- 피보험자가 소유, 사용 또는 관리하는 재물이 손해를 입은 경우 그 재물에 정당한 권리를 가진 사람에게 부담하는 손해에 대한 배상책임
- 피보험자와 타인 간에 손해배상에 관한 약정이 있는 경우, 그 약정에 의해 가중된 배상책임

이 밖에 각 보험사에서 지정하는 보험금을 지급하지 않는 사유에 관해서 가입한 상품의 해당 약관에 특약별로 구체적 명시를 해놓았다. 이를 참고하면 조금 더 다양한 범위의 사유를 알 수 있다.

사고 발생 시
준비서류와
보험금 청구하기

보험사고가 발생하고 보험금을 청구할 때는 사고사유에 따라 보험금 청구 방법과 관련 서류가 달라진다. 상황에 따라 담당 설계사에게 청구를 의뢰하거나 보험회사 고객센터로 등기우편 또는 팩스 등을 이용해 접수하는 것이 일반적이다.

'서류를 언제 준비하고, 팩스(또는 등기우편)은 언제 보내지?' 귀찮고 번거롭다고 생각하는가? 의외로 많은 사람들이 이런 이유로 보험금 청구를 포기한다고 한다. 다행히 요즘은 스마트폰 애플리케이션으로도 청구할 수 있다(회사에 따라 다르니 확인하도록 하자).

보험금은 사고가 발생한 날로부터 3년 이내에 접수하지 않으면 청구권이 소멸된다. 보험금 지급절차는 다음과 같다.

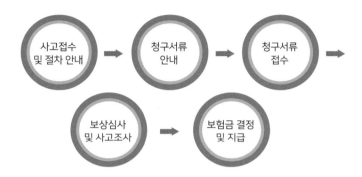

의료비 청구나 상해사고의 경우 통원 시 진료비 영수증, 약제비 영수증 정도의 간단한 영수증만 첨부하면 된다. 입원할 경우 입퇴원 확인서, 진료비 세부 내역서, 진료비 영수증, 약제비 영수증, 진단서가 필요하다. 각 질병이나 상해사고의 종류에 따라 조직검사지 내지 후유장해 진단서 등 서류가 달라지니 의료사고 발생 후 콜센터를 통해 정확히 알아보는 것이 좋다.

일상배상책임보험을 청구할 때는 사고의 경위를 나타내는 경위서와 타인의 물건에 손해를 입혔을 경우 손상된 사진을 촬영해 첨부하는 것이 좋다. 수리 배상 후에는 영수증도 함께 첨부한다.

배상책임보험을 청구할 경우 일반적인 의료비 청구와 달리 배상책임을 전담으로 하는 보상전담부서가 별도로 있음을 기억하자.

타인의 물건을 파손했을 경우 사진과 수리에 필요한 견적서, 또는 최초 물건 구입 시 영수증 등을 요구할 수 있다.

배상책임보험에서 누수 관련 보상도 가능한데, 이때는 손해사정인이 파견되어 실질 현장조사를 하기도 하며 필요한 서류를 준비해 서명을 받아간다.

최소한의 Tip

• **손해사정인**: 손해사정인은 보험가입자에게 사고로 인해 손해가 발생했을 때 손해액을 결정한다. 사고 발생에 관한 자료를 수집해 조사, 분석해 보험금을 객관적이고 공정하게 산정한다.

보험금을 청구하기 전
보험을 해지했다면
보험금을 받을 수 없을까?

현재 보험금 지급시한은 3년으로 지정되어 있다. 그러나 이런 경우가 있다. 2018년 3월 골절수술을 했고 당시 보험금 청구를 하지 않은 상태에서 2019년 5월 개인의 사정으로 보험을 해지했다. 이처럼 보험계약을 유지하고 있지 않는다고 해도 보험금을 수령할 수 있을까?

답은 "있다"이다. 보험계약이 해지되기 이전에 발생한 보험사고에 대해서는 보상을 하게 되어 있다. 혹시라도 과거에 이런 경우가 있다면 청구해 보상받도록 하자.

석한 씨는 주로 자전거를 이용해 출퇴근하고 있다. 어느 날 교차로에서 우회전하는 차량에 부딪혀 3일간 입원치료를 받았다. 병원비 및 치료비, 사고위로금은 자동차보험사에서 모두 지급받았고, 그날의 사고와 관련한 보험처리는 끝났다.

모든 보상처리가 이미 상대편이 가입한 보험에서 이루어졌기에 석한 씨는 자신이 가입한 보험이 있었음에도 따로 보험금을 청구할 일은 없다고 생각했다. 가지고 있는 보험증권조차 자세히 들여다보지 않았다.

어느 날 우편물로 석한 씨가 계약한 보험 중 일부가 연체되어 실효되었다는 통지문을 받았다. 실효된 보험을 부활하면서 잊고 있던 보장내용을 다시 한 번 꼼꼼하게 살피다 '상해입원일당' 특약을 확인했다. 과거 출근 중 자동차 사고로 인해 입원했던 사실이 떠올랐고, 보험금을 청구했다. 얼마 지나지 않아 일당입원금 명목으로 보험금이 9만 원 지급되었다.

이렇게 석한 씨처럼 자신이 받을 수 있는 보험금을 제대로 챙기지 못하는 경우도 많다. 사고가 발생했다면 무조건 보험증권을 확인하자. 가입 당시 미처 확인하지 못했던 사항을 발견할지도 모른다.

나의 숨은 보험금 찾기

금융당국은 숨은 보험금 등을 클릭 한 번으로 알아낼 수 있는 통합조회시스템인 '내보험 찾아줌(cont.insure.or.kr)' 서비스를 제공한다. 보험금을 조회하려면 홈페이지 첫 화면에서 '숨은 보험금 조회하기'를 클릭하거나 '상속인 방문조회'를 신청한 뒤 '결과보기'를 클릭하면 된다. 숨은 보험금 조회는 이름, 휴대전화번호, 주민등록번호를 입력하고 본인 인증을 하면 된다. 인증 방법은 휴대전화, 아이핀(i-PIN), 공인인증서 중 선택하면 된다.

결과를 보여주는 화면에는 조회자가 계약자 또는 수익자(보험금 청구권자)로 가입된 보험계약들이 표로 뜨며, 보험사와 상품명은 물론 계약 유지 여부와 만기일자, 담당 점포 전화번호까지 함께 제공된다.

숨은 보험금이 확인되면 해당 보험사에 온라인이나 전화로 청구할 수 있다. 보험사는 청구 이후 3영업일 이내에 보험금을 신청자에게 입금하는 것이 원칙이다.

보험금 수령 시 분쟁을 막고 싶다면 수익자를 설정하라

보험금의 수익자는 의료사고 발생 시 보험금을 청구하고 그 보험금을 수령받는 사람을 말한다. 보험에 가입할 때 가급적 수익자, 즉 수령하는 사람을 명확히 지정해 보험금을 수령받을 수 있도록 조치하는 것이 좋다.

필자의 경우 부모님의 진료비나 기타 의료비를 부담하기에 피보험자가 부모님인 계약에 대해서는 필자가 수익자로 지정되어 있다. 따라서 이와 관련한 보험금을 청구한다면 그 보험금을 필자의 통장으로 수령받는다.

보험에 가입할 때 보험금 수익자를 명확히 하지 않고 '법정상속인'으로 선택하기도 한다. 하지만 이런 경우 사망보험금이나 진단금 같은 고액의 보험금 수령 시 가족간, 형제간의 분쟁 사례도 어렵지 않게 볼 수 있다. 이에 수익자는 처음부터 분명하게 지정을 해주는 것이 중요하다.

수진 씨의 사례를 예로 들어 조금 더 자세하게 알아보자.

수진 씨는 여행동호회에서 건축설계 일을 하는 지금의 남편을 만났다. 1년 정도 연애 후 결혼했으며, 예쁜 딸을 낳고 행복한 삶을 누리고 있었다.

남편은 야근이 잦았지만 그래도 평소에 사회인 야구 등 운동을 꾸준히 하는지라 큰 탈 없이 지내왔다. 그런데 어느 날 퇴근을 하고 샤워를 하던 중 그대로 쓰러져 사망하고 말았다. 사망원인은 뇌동맥류파열, 즉 뇌출혈이었다. 갑작스러운 남편의 사망으로 수진 씨는 큰 상실감에 빠졌고, 장례를 치른 후 유품을 정리하면서 서랍

속 보험증권을 발견했다.

남편이 가입되어 있던 보험은 ○○생명보험의 '보장큰 종신보험'이었다. 결혼 전 시어머니가 가입해준 사망보험금 1억 원짜리였다. 계약자는 시어머니로 되어 있고, 수익자는 법정상속인으로 되어 있으며, 그동안 보험료는 시어머니가 대신 납부하고 있었다. 수진 씨는 남편의 사망도 슬픈 일이지만 당장 소득이 없는 상황에서 눈앞이 깜깜해진 지금, 종신보험이 사막의 오아시스와도 같았다.

그런데 며칠 후 시어머니에게 전화가 왔다. 남편이 가입되어 있던 종신보험을 거론하며 자신이 계약자고 보험료를 납부한 사람이니 사망보험금 역시 자신이 수령하겠다고 이야기한다. 수진 씨는 자신이 법정상속인이고 아이와 함께 살아야 하니 본인이 수령해야 한다고 생각한다. 결국 수진 씨와 시어머니 사이에 싸움이 일어나기 시작했다. 이런 경우 보험금은 누구에게 가는 것이 맞을까?

보험금 수령과 관련해 수익자가 별도 지정되지 않고 법정상속인으로 되어 있다면 최우선이 배우자와 자녀이므로 계약자나 보험료 납입과 상관없이 상속순위에 따라 지급하게 된다. 즉 1순위로 수진 씨와 자녀가 수령한다. 만약 수진 씨에게 자녀가 없었다면 자녀 몫을 시부모에게 지급하게 된다.

법정상속은 지급순위는 아래와 같다.

1순위: 직계 비속 + 배우자

2순위: 직계 존속 + 배우자

3순위: 형제자매

4순위: 4촌 이내 방계혈족

수익자는 일반적으로 직계존비속과 배우자의 경우 특별한 서류 없이 지정할 수 있다. 하지만 이외에 형제자매나 친척, 타인 등을 지정하려면 피보험자와 계약자가 동의했는지 확인 후 지정된다.

만약 계약 당시 수익자를 지정하지 못했다면 변경할 수도 있다. 수익자를 지정할 수 있는 권리는 계약자에게 있는데, 계약자와 보험대상자가 다른 경우 보험대상자의 동의도 필요하다.

모르면
손해 보는
보험약관

보험약관이란 우리에게 익숙하지 않은 의학용어 또는 후유장해의 정도 등을 알기 쉽게 풀이해놓은 보험 해설집이다. 그런데 사람들은 보험가입 당시에는 인터넷을 검색해 보장에 대해 열심히 알아보고 설계사에게 물어보며 보험에 가입하지만, 청약서에 서명하고 난 뒤에는 자신이 어떤 보장을 어떻게 받고 있는지 잊는 경우가 많다.

의료사고가 발생해 보장받을 때 의례적으로 영수증이나 입퇴원확인서만 제출해 보상받는다. 하지만 약관을 잘 살펴보면 보험회사가 지급한 보험금 이외에 추가적으로 받을 수 있는 항목들이 존재한다. 보험약관에 주목해야 하는 이유다.

필자의 고객을 예로 들어 이야기해보자. 오래전 태아보험으로 가입한 고객으로부터 보험금 청구가 접수되었다. 청구사유는 레트증후군이었다. 레트증후군이란 3~4세 여아에게 나타나는 선천적 질병으로, 성장이 멈추고 신체기능이 마비되는 희귀 난치병이다.

보험금 수령을 위해 고객으로부터 보험금 청구에 필요한 서류를 건네받고 보험금 청구 접수했다. 얼마 지나지 않아 의료비와 입원비를 모두 보장받았다. 최초 청구 접수할 당시에는 의료비를 보장받을 목적으로 의료비 청구에 필요한 서류만을 발급받아 접수하고 보험금을 수령받았다.

이때까지만 해도 보험사나 그 누구도 해당 의료사고에 대해 추가로 보장받을 수 있다는 이야기를 하지 않았다. 하지만 레트증후군이라는 질병 자체가 매우 중한 질병이었기에, 단순 의료비만이 아닌 또 다른 혜택의 보험금 지급 사유가 있는지 가입된 특약은 물론 약관을 찾아보았다.

그 결과 가입된 특약 중 뇌병변장애와 질병후유장해 80% 이상 보장 특약을 확인할 수 있었고, 추가 청구해 1억 1천만 원의 보험금을 더 지급받았다.

이처럼 가입된 특약을 잘 살펴보고 약관을 해석해보면 보험회사가 묵인한 보장들을 찾아 청구할 수 있다. 상황에 따라 회사가 손해를 막고자 직권해지 및 지급유예에 대해서도 약관을 근거로 명확하게 이야기해 보험금 부지급건에 대해 정당한 보상청구가 가능하다. 즉 약관을 분석하면 분쟁을 최소화할 수 있다.

약관을 알면 보상이 보인다.

보험증권
꼼꼼히
따져보자

보험에 가입하면 가입증서인 증권이 발행된다. 보험증권은 보험
종목·보험금액·보험기간·보험금을 지급받을 자의 주소와 성명 등
이 기재된 본문(本文)과 보험계약의 내용을 기재한 약관(約款)으로 구
성되어 있다. 보통 보험가입일로부터 15일 이내에 발행되며, 회사
와 상품에 따라 차이가 난다.

보험증권을 받지 못했거나 분실했다면 고객센터 등을 통해 재발
행을 요청할 수 있다. 물론 보험증권을 잃어버렸다고 해서 보험금
을 받지 못하는 것은 아니니 걱정하지 말자.

보험가입 후 설계사 말만 믿고 보험증권을 그냥 장롱 속에 묻어 두었다간 추후 큰 낭패를 볼 수 있다. 다음 사례를 살펴보자.

필자의 소속 설계사에게 오래된 고객이 있었다. 둘의 관계는 매우 돈독해서 가족보험은 물론 태어날 태아보험까지도 담당 설계사를 믿고 의뢰해 가입했다. 어느덧 시간이 흘러 출산을 하고 건강하게 자라던 중 아이가 폐렴으로 입원해 보험금 청구가 들어왔다.

해당 설계사는 보험금 접수를 했고 보상을 기다리던 중 보상과에서 입원의료비특약이 없어 보상할 수 없다는 연락을 받았다. 당황한 설계사는 고객의 계약현황을 살펴보고 놀라지 않을 수 없었다. 가입 특약 중 정말로 입원의료비특약이 제외가 되어 있었기 때문이다.

이에 고객에게 자초지종을 설명하고 회사와 협의 후에 소급 적용해 고객의 보상이 원활하게 이루어질 수 있도록 했다. 담당 설계사가 회사로부터 페널티를 받은 것은 어쩔 수 없었다.

이처럼 설계하고 청약하는 업무가 사람이 하는 일이다 보니, 설계서에는 있지만 청약하는 과정에서 누락되거나 컨설팅 당시와 다른 담보가 설정되는 경우가 있다. 그래서 가입 후 증권을 수령하게 되면 최종 결정된 설계내용과 동일한지 꼼꼼하게 살펴보는 것이 중요하다.

보험설계사 때문에 불이익을 봤다면

Q. 보험설계사가 기존 보험은 좋지 않으니 보험 해약을 하고 새로운 보험에 가입하라고 권유해, 보험설계사를 믿고 해약 후 새로운 보험에 가입했습니다. 나중에 알아보니 해약한 보험계약이 제게 적당한 보험이었습니다. 새로운 보험을 취소하고 해약한 보험을 되살릴 수 없나요?

보험설계사가 부당하게 기존 보험을 소멸시키거나 소멸하게 한 경우 보험계약자는 해당 보험설계사가 속한 보험회사에 보험계약이 소멸한 날부터 6개월 내 소멸된 보험계약의 부활을 청구하고 새로운 보험계약을 취소할 수 있다. 다만 보험계약의 부활은 소멸한 보험과 새로운 보험계약의 상대방이 동일한 보험회사이어야만 가능하다.

보험계약의 부활 청구를 받은 보험회사는 특별한 사유가 없는 한 소멸된 보험계약의 부활을 승낙해야 한다. 보험계약의 부활청구를 받은 날(건강진단을 받는 계약의 경우에는 진단일)부터 30일 내 승낙 또는 거절의 통지를 해야 하며, 30일 내 승낙 여부를 알리지 않는 경우 보험계약을 승낙한 것으로 판단한다.

자료: 생활법령정보(www.easylaw.go.kr)

사례로 보는
자동차보험
사고처리

✅ 친구의 자동차를 운전하다 사고가 났다면

계획하지 않은 상황에서 타인의 차량을 운전해야 할 때가 있다. 예를 들어보자.

친구들과 오랜만에 모여 저녁을 먹으며 술을 함께 마시게 되었다. 나는 원래 술을 못 마시기에 처음부터 술을 마시지 않았다. 하지만 친구는 차를 가지고 왔음에도 워낙 술을 좋아하다 보니 다른 친구들의 유혹을 뿌리치지 못하고 술을 마셨다. 대리운전을 부르

자니 친구 집까지 꽤 먼 거리라 대리비가 적지 않게 나올 것 같았다. 마침 차를 가져오지 않은 내가 친구의 차를 대신해서 운전하게 되었다.

그런데 친구의 집에 거의 다 왔을 때 즈음 갑자기 신호 변경으로 급정차하는 차를 확인하지 못하고 앞차와 추돌했다. 하필 친구는 자동차보험에 기명 1인으로 친구만 혜택을 보게 되어 있다. 이런 경우 어떻게 보상을 해야 할까?

운전자로 설정되지 않은 차량을 운전하다 사고 발생 시 이에 대한 피해보상은 자신이 가입한 자동차보험의 특약으로도 가능하다. 자동차보험에는 '무보험차상해'라는 특약이 있는데, 이 특약은 뺑소니나 무보험차량 등 가해자가 명확하지 않거나 피해보상을 할 수 없는 상황이 되었을 때 내가 가입한 자동차보험에서 이를 대신해 보장하는 특약이다.

회사마다 조금씩 차이가 있으나 보장내용을 보면 '다른자동차운전담보'와 '타차량손해담보'가 있다. 다른자동차운전담보는 위와 같이 준비되지 않은 상황에서 피보험자가 다른 자동차를 운전 중 생긴 대인사고나 대물사고 또는 피보험자가 상해를 입었을 때 피보험자가 운전한 다른 자동차를 피보험자동차로 간주해 보통약관의 규정에 따라 보상하는 특약이다.

이때 피보험자는 자동차보험 가입 당시 기명피보험자와 기명피보험자의 배우자가 되며, 배우자의 경우 법적부부관계뿐만 아니라 사실혼관계에도 적용이 된다.

또한 부모와 자녀간의 차는 '다른 자동차'의 범위에서 제외되기 때문에 특약을 적용할 수 없다. 특별약관에서 말하는 다른 자동차란 자가용자동차로서 보통약관의 피보험자동차와 동일한 차종으로서, '기명피보험자와 그 부모, 배우자 또는 자녀가 소유하거나 통상적으로 사용하는 자동차가 아닌 것'으로 규정하고 있다.

위의 사례와 같이 친구의 차량을 운전 중 발생한 상대 차량의 대인이나 대물사고의 경우 다른자동차운전담보에 가입이 되어 있다면 보상의 대상이다.

이렇게 상대방의 대물과 대인에 대한 피해보상은 해결되었다. 그런데 친구의 차량은 어떻게 수리를 해야 할까? 운전자 본인이 자비로 수리비를 부담해야 할까? 아니다. 이때는 타차량손해(자기차량손해)라는 특약을 활용하면 된다.

이는 피보험자가 다른 자동차를 운전 중 생긴 사고로 인해 운전 중인 해당 다른 자동차에 생긴 손해를 보상하는 특약으로서 자기자동차손해, 즉 자차와 같은 보장을 한다고 생각하면 된다. 다만 피보험자가 운전하던 차량에 대한 보장만 가능하다.

✔ 타인에게 밀린 본인의 차량이 다른 차와 부딪힌다면

사이드브레이크 풀고 주차를 했는데 누군가가 자신의 차를 밀어 버려서 내 차가 다른 차에 부딪혀 차량의 손상을 입혔다. 이런 경우 차량이 정차 또는 주차 시 이동하지 않도록 주차브레이크 또는 안전장치를 하지 않아 차량관리 잘못으로 판단해 차주가 수리비를 부담해야 한다.

자신이 다른 차량을 밀다 파손한 경우는 어떨까? 이 경우 자동차보험의 대물처리를 할 수 없다. 자동차보험에서 말하는 보상이란 자동차의 운행이나 자동차의 이용 목적으로 사용하던 중 발생한 사고에 한해 보상하게 되어 있어 보상이 불가능하다.

자동차보험의 운전자 범위

자동차보험에서 보험가입 차량을 운전하는 사람의 범위, 즉 운전자 범위가 좁을수록 보험료를 절약할 수 있기 때문에 운전자 범위를 확실하게 하는 것이 중요하다. 어떻게 구분되는지 함께 알아보자.

운전자 범위는 지정된 1인만 보상받는 '기명피보험자', 피보험자와 지정된 1인이 보상받는 '기명피보험자+지정1인', 부부만 보상받는 '부부한정', 가족만 보상받는 '가족한정', 가족과 형제자매가 보상받는 '가족+형제자매', 모든 사람이 보상받는 '누구나'로 나뉜다. 보상받을 수 있는 운전자를 표로 나타내면 다음과 같다.

	본인	배우자	부모, 자녀	배우자의 부모	사위, 며느리	형제자매	지정1인
기명피보험자	○	×	×	×	×	×	×
기명피보험자+지정1인	○	×	×	×	×	×	○
부부한정	○	○	×	×	×	×	×
가족한정	○	○	○	○	○	×	×
가족+형제자매	○	○	○	○	○	○	×

이때 주의해야 할 부분이 가족한정의 범위다. 자동차보험에서 가족은 '나와 배우자, 부모(배우자의 부모 포함), 자녀(자녀의 배우자 포함)'까지다. 형제자매, 조부모, 손자는 가족의 범위에 들어가지 않는다.

보험으로 세액공제를?
세액공제가 가능한
보험의 종류

✅ 보장성 보험

근로자(일용근로자 제외)가 보장성 보험에 가입했을 때 100만 원 한
도로 연간 12%의 세액공제를 받을 수 있다. 이때 보험료를 납입하
는 사람이 근로자가 되고 보험의 대상, 즉 피보험자가 가족일 경우
다음 페이지 표와 같이 세액공제를 받을 수 있다.

피보험자가 장애인일 경우 나이에 상관없이 소득요건만 충족하
면 세액공제가 된다.

[보장성 보험 세액공제]

납입자	피보험자	연간소득금액	연령	세액공제
본인	부모	100만원 이하	만 60세 이상	가능
본인	배우자	100만원 이하	나이 상관없음	가능
본인	자녀	100만원 이하	만 20세 이하	가능
본인	형제	100만원 이하	만 20세 이하 또는 만 60세 이상	가능

자료: 생명보험협회

특히 장애인 전용 보장성 보험을 가입한 경우, 기본공제 대상자 중 장애인을 피보험자 또는 수익자로 하는 장애인 전용보험에 가입한 경우, 납입한 보험료의 15%를 세액공제 해준다.

⊘ 연금보험

연금의 경우 연금저축보험 이외에도 연금펀드나 연금저축신탁을 통해 세제 혜택을 받을 수 있다.

연금저축보험의 경우 연간 400만 원 한도로 납입금액의 12%를 세액공제 해준다. 다만 연금저축보험의 경우 연간 최고 1,800만 원을 납부할 수 있으며, 연금수령 개시 이후 추가 납입할 수 없다. 또한 55세 이후 연금수령 개시가 가능하며, 가입일로부터 5년이 경과한 후에 인출할 수 있다.

주의해야 할 사항은 연금수령 개시 이전에 해지하게 될 경우 그간 공제된 세액에 대해 토해내거나 해지가산세가 추가되는 등 불이익이 발생할 수 있다는 점이다.

✓ 비과세저축보험

계약자 1명당 납입하는 총액이 2억 원 이하의 저축성 보험의 경우, 5년 이상 월 적립식으로 월 납입액이 균등하고 계약일로부터 10년 이상 유지된 계약이라면 연금수령 또는 해지 시 발생되는 이자소득에 대해서 비과세 적용한다.

✓ 단체보장성 보험

단체보장성 보험은 재해로 인한 종업원의 사망·상해·질병을 보험금 지급사유로 한다. 만기에 환급금이 없고 수익자가 회사가 아닌 종업원 또는 그 배우자나 기타 가족을 피보험자와 수익자로 지정했을 때 임직원 1인당 연간 70만 원 한도 내에서 세액공제가 가능하다.

갱신형의 장단점,
자신에게 맞는
가입기간을 선택하라

설계서의 납입기간을 살펴보면 10년납, 20년납 등 연납으로 구성되거나 1년 갱신, 3년 갱신 등 갱신형으로 구성되어 있음을 확인할 수 있다. 갱신형이란 무엇이고 그에 따른 장단점은 어떤 것들이 있는지 살펴보자.

갱신형 보험료를 다른 말로 자연보험료라고 한다. 보장받는 기간을 예측하고 계산해 보험료를 산정하는 연납 보험료와 달리, 갱신형 보험료는 지금 현재 나이·성별·직업을 기준으로 현시점의 회사 손해율을 적용해 보험료를 산출한다.

그렇다 보니 갱신형일 경우 연납보다 보험료가 저렴하다. 다만 갱신주기에 따라 보험료를 재산정해 부과하기 때문에, 처음 가입한 보험료가 유지되는 것이 아니라 갱신주기마다 점점 인상되며 보장받는 기간 동안 계속해서 보험료를 납부해야 한다. 예를 들어 실비특약의 경우 2019년 기준 1년 갱신으로 납입기간이 설정되어 있다. 1년마다 회사의 손해율에 따라 보험료를 재산정한 후 갱신시에 보험료를 인상 또는 인하하는 등 납부보험료가 변동된다.

현재 태아·어린이보험의 경우 초등학생까지는 갱신 시 처음 가입 당시보다 보험료가 낮아진다. 태아 때는 선천이상이나 주산기 질환에 대한 위험도가 있으며, 영유아 시기에는 면역력이 청소년 시기보다 떨어지기에 작은 질병이 큰 질병으로 와전되어 입원 치료하는 경우가 많다. 감기 같은 간단한 질환임에도 불구하고 통원 치료로 끝나는 것이 아니라 모세기관지염이나 폐렴으로 와전되어 입원 치료를 하기도 한다. 그렇다 보니 영유아들로 인한 회사의 손해율은 높아지고 그에 따른 부담은 보험료 인상으로 이어진다. 청소년 시기는 이와 반대로 적용되는 것이다.

또한 30대에 갱신형 암보험을 가입 후 40대 또는 50대가 되었을 때 보험료가 인상된다. 암 발생 확률이 상대적으로 30대보다는 50~60대에 높아지므로 처음 가입 당시보다 상당 부분 인상된 보험료를 부담하게 된다.

이런 점에서 갱신형 납입방법은 가입 후 바로 보장을 받거나 어떤 특정 시기에 중점적으로 높은 보장을 저렴하게 가져가기에는 매우 유용하다. 하지만 갱신하면서 인상되는 보험료로 인해 처음 계획했던 현금흐름이 무너지고 전반적인 금융 포트폴리오가 깨질 수 있다.

젊은 시절 가입한 보험이 갱신되면서 고정지출을 최소화해야 하는 은퇴 시기, 즉 60~70세가 되면 정작 보장을 받을 시기에 보험료 부담으로 인해 유지하기가 쉽지 않아 해지하는 일도 생긴다. 그로 인해 보험이 전무한 상태에서 의료사고 발생 시 의료비를 고스란히 부담해야 하는 상황이 연출될 수 있다.

특정 시기에 특정 목적을 가지고 준비하는 것이 아니라면 갱신형 형식의 납부방법을 선택하기보다는 연납 형식의 납부방법을 선택하도록 하자. 갱신형 보험료보다는 다소 높은 보험료를 부담해야 하지만 안정적으로 소득이 발생하는 시기에 보험료 납부를 모두 끝낼 수 있다는 장점이 있다.

그렇다고
갱신형은
무조건 나쁜 걸까?

갱신형이 무조건 나쁜 것은 아니다. 필자는 암보험을 모두 갱신형으로 가입했다. 단, 갱신주기가 1년 또는 3년이 아닌 20년으로, 20년 동안에는 보험료의 변동이 없다. 필자가 이렇게 선택한 이유는 무엇일까?

먼저 갱신형을 선택할 때는 1년이나 3년으로 짧은 갱신주기를 선택하기보다는 15년 또는 20년의 긴 갱신주기를 선택하는 것이 좋다. 15년이면 15년, 20년이면 20년 동안은 보험료의 변동이 없기 때문에 그에 맞춰 금융포트폴리오를 미리 구성할 수 있으며, 번

번한 보험료 인상으로 해지하는 일이 없다.

사망보험금은 경제활동이 왕성한 피보험자가 사망 시 생활비를 대신하기 위해 사망보험금을 준비한다. 진단금도 이와 마찬가지다. 병원비는 실비로 처리하거나 국민건강의료보험에서 많은 지원이 되기에 사실상 과거처럼 의료비가 크게 부담되지 않는다. 그래서 현 진단금의 목적은 의료비가 아닌 생활비를 대신하기 위함이다.

그러다 보니 인생 전반에 지출이 가장 많은 시기까지는 탄탄하게 준비하는 것이 좋다. 그렇다면 인생에서 지출이 가장 많은 시기는 언제일까? 아마도 자녀가 대학교를 졸업할 때까지가 등록금 같은 교육비를 이유로 경제적 지출이 가장 많이 발생하는 시기가 아닐까 한다. 자녀가 대학을 졸업하기 이전까지는 보장을 집중적으로 넓혀 중대한 의료사고 시 발생할 수 있는 소득 중단으로 인한 생활비 마련 문제가 시급하다.

막연하게 높은 보장을 받아야 한다고 80세 만기, 100세 만기로 설정해 보험료의 부담을 느끼기보다는 적절하게 갱신형과 비갱신형을 복층 설계를 해서 보장을 높이고 보험료의 부담을 줄여 주는 것이 좋다.

필자는 현재 13살과 11살 자녀를 두고 있다. 막내 자녀가 경제적으로 독립하는 시점을 28세라고 한다면 향후 17년간은 진단금이나 기타 보장에 대해 집중적으로 보장받을 필요가 있다. 그래서 암보험에 가입할 때 먼저 80세 만기 보장을 2천만 원 준비하고, 보장과 납기가 20년 갱신형인 암보험을 추가로 준비했다.

이렇게 준비를 하면 둘째 자녀가 31살 되는 시점까지는 일반암 진단금 1억 원, 고액암 진단금 2억 원을 6만 원 정도의 보험료를 준비할 수 있다.

만약 일반암 진단금 1억 원을 막연하게 80세 만기 또는 100세 만기로 준비했다면? 암 진단금 마련하는 데 발생하는 보험료만 계산해봐도 10만 원 이상이다. 과연 이 보험을 끝까지 잘 유지하고 납부할 수 있을지 장담할 수 없다.

이처럼 갱신형이라고 무조건 나쁘다, 틀리다가 아니다. 필요한 시기에 저렴한 보험료로 높은 보장을 필요로 할 때는 매우 유용하게 활용할 수 있음을 명심하자.

갱신형과 비갱신형의 차이

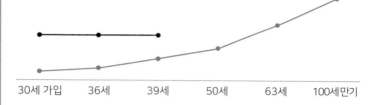

| 30세 가입 | 36세 | 39세 | 50세 | 63세 | 100세만기 |

구분	갱신형	비갱신형
보험료	초기 보험료 저렴	납입기간 내 보험료 동일
보험기간	1년, 3년, 5년 단위로 갱신	갱신 없음
납입기간	만기까지 납입	가입 시 설정한 특정기간 납입(10년, 20년 등)
보험료 변동	갱신 시 보험료 변동	납입기간 보험료 변동 없음
선호계층	보험료가 부담되는 40~50대 이상	경제활동이 왕성한 20~30대

자료: 한화생명 공식블로그

특약에 명시된 갱신형과 재가입의 차이점을 알아보자

　현재 판매되는 의료실비특약의 경우 일반적으로 납입기간이 1년 갱신으로 되어 있고 15년 재가입이라는 문구를 확인할 수 있다. 갱신과 재가입에 대해 많은 사람들이 궁금해한다.

　갱신은 상품의 보장이나 형태가 달라지지 않고 갱신주기에 따라 회사의 손해율을 적용해 보험료가 변동된다는 것을 의미한다. 1년 갱신의 경우 최초 가입 시 1만 원이었던 보험료가 1년 뒤 갱신될 때 회사의 손해율이 높아지면 1만 2천 원으로 인상되거나 손해율이 낮아져 8천 원으로 낮아지는 등 보험료가 변동된다.

재가입이란 말 그대로 다시 가입하는 것을 말한다. 지금은 실손보장의 범위가 급여 90%, 비급여 80%로 구성되어 판매되고 있다. 그러나 15년 뒤 실손보장의 범위가 급여 80%, 비급여 70%로 변경된 상품만 판매된다면 이 상품으로 재가입된다. 이때 만약 더 좋은 상품, 즉 과거처럼 입원의료비에 대해 100% 보장하는 상품이 출시되었다고 하면 보험회사에 심사요청을 하고 승인에 따라 더 좋은 조건의 상품으로 재가입할 수도 있다.

갱신과 재가입 모두 의료사고가 발생했다 하더라도 회사의 재갱신 또는 재가입 시 거절 사유는 되지 않는다.

PART

4

현재 내는 보험료를
줄이고 싶다면
보험 리모델링이
필요하다

보험에서 시작하는 재무설계

언제부턴가 대한민국에는 재무설계라는 말이 유행처럼 생겨났고 재무설계사라는 사람들도 부쩍 늘어났다. 필자도 처음 보험을 시작했을 때 재무설계사(FC)라는 명칭을 썼다. FC란 Financial Consultant다. 보험이 자산을 형성하고 유지하는 데 중요한 역할을 하는 이유로 사용하는 이름이다.

재무설계라고 하면 거창하게 느껴지지만, 쉽게 이야기하면 나의 자산을 어떻게 지켜나가고 내가 목표한 시기에 필요자금을 어떻게 마련할 것인지를 계획하는 것이다. 단순히 돈을 불리는 것은 재무설계가 아닌 재테크다. 이 부분에서 혼란이 없길 바란다.

올바른 재무설계를 위해서는 위험 관리가 필수다. 그렇다면 위험 관리는 어떻게 해야 할까? 포인트는 3가지다. ① 투자상품 고유의 위험은 분산투자(투자대상이나 투자시점)로 관리하고 ② 시장 전체의 위험은 장기투자로 관리하고 ③ 심리적 위험은 투자성향에 어울리는 투자방법으로 전환하며 관리한다.

또한 패러다임을 전환해야 한다. 저축에서 투자로 생각을 바꿔라. 돈은 모으는 것이 아니라 늘리는 것이고, 예금보다는 투자를, 확정금리보다는 실적배당을, 위험을 회피하기보다 관리하는 방향으로 생각하는 것이다.

정리하자면 재무설계는 세대 간의 저축방법과 트렌드, 그리고 인생 전반의 경제활동과 인생에서 꼭 필요한 목적자금들을 만들어가는 방법을 컨설팅하는 일이다.

그럼 이 과정에서 보험은 어떤 역할을 할까? 우리는 열심히 일해서 돈을 벌고, 그 돈으로 결혼, 양육과 내 집 마련, 노후준비 등을 한다. 그러나 예기치 않은 의료사고가 발생하게 되면 앞서 계획한 목적을 이루기 전에 의료비를 지출할 수밖에 없고, 이로 인한 금전적 손실은 물론 향후 경제활동을 하는 데 제약을 받게 된다.

그래서 우리는 보장성 보험을 준비한다. 결혼 전까지는 의료비를 보장하는 건강보험, 결혼 후에는 가장으로서 사망 시 발생되는 위험을 대비하기 위해 종신보험을 가입한다.

또한 보험은 보장성 보험에만 준하지 않고 투자 상품으로서의 기능을 가지고 있다. 다가오는 미래에 저금리로 인한 물가상승률을 반영해 노후를 준비할 수 있는 변액연금도 마련되어 있다. 쉽게 설명하면 1~3년 안에 필요한 목적자금은 적금으로, 3~7년 안에 필요한 목적자금은 적립식 펀드로, 7년 이상의 장기 목적자금은 변액연금으로 준비하는 것이 바람직하다.

이처럼 가족구성과 현 재정상황을 파악 후 각 목적자금에 맞는 금융상품을 적절히 추천하고 안내하기 위해 재무설계가 필요하다.

보험을 이용한 재무설계를 이해했다면 필요한 것은 보험료 조정 문제다. 보장이 좋다는 이유로 무리하게 높은 보험료를 내고 있지는 않은가? 보장이 중복되거나 목적에 맞지 않는 보험에 가입하지 않았는가? 이제 보험료를 조정하는 방법을 알아보도록 하자.

당신은 보험 리모델링이 필요한가?

2018년 개인당 보험가입률은 96.7%를 기록했다. 생명보험의 경우 79.5%, 손해보험의 경우 80.0%다. 이전의 보험가입률을 비교해보면 다음 표와 같다

개인별 보험가입 현황(단위: %)

구분	2014년	2015년	2016년	2017년	2018년
생명보험	79.3	78.9	73.4	78.2	79.5
손해보험	74.3	79.7	76.2	78.4	80.0
전체	93.8	96.7	93.8	94.5	96.7

이렇게 높은 가입률을 기록하고 있지만, 아직도 보장이 모자라다고 생각하는 사람들도 대다수다. 그러다 보니 더 좋은 보장을 찾아 헤매고, 주변 사람들에게 휩쓸려 보장이 중복되는지도 확인하지 않고 새로운 보험에 가입한다. 아래 항목에 체크해보자.

- 수입에 비해 많은 비용이 보험료로 지출되고 있는가?
- 가입한 보험의 보장범위가 충분한가?
- 가입한 보험의 보장기간이 짧지는 않은가?
- 보장이 중복되는 보험에 가입하지 않았는가?

이 중 하나라도 해당된다면 리모델링을 받을 필요가 있다. 이제부터 차근차근 보험 리모델링에 대해 알아보자.

리모델링 전
확인해봐야 할
보험료 줄이기 팁

리모델링이라는 공사에 들어가기 전, 보험료를 줄이는 방법을 알아보자. 다음 4가지 항목만 확인해봐도 현재 내는 보험료를 줄일 수 있다.

① 건강검진으로 우량체 할인을 받아라

모든 보험이 그런 것은 아니지만 일반적으로 종신보험을 가입할 때 고액의 사망보험금으로 가입하는 고객에 대해 리스크 관리

차원에서 보험회사가 먼저 건강검진을 행하는 경우가 있다. 하지만 소액의 사망보험금의 경우 특별한 검진 없이 청약이 가능하다. 이때 흡연 또는 음주를 하지 않는 사람은 가입 시 먼저 우량체 할인을 선택해 건강검진을 요청하고, 검진결과 우량체에 해당된다면 보험료를 할인받아 청약할 수 있다.

또한 보험에 가입할 당시 흡연 또는 과도한 음주로 인해 우량체 할인을 적용받지 못했더라도, 가입한 이후에 금연과 금주를 통해 우량체 할인 조건이 된다고 판단되면 도중이라도 우량체 할인을 신청해서 앞으로 납입할 보험료를 할인받을 수 있다. 보통 1년 이상 담배를 피우지 않고 혈압과 체격조건, 비만지수가 정상인 사람을 우량체라고 하며, 혈압 및 체격조건은 보험사가 정한 기준을 충족해야 한다.

손해보험의 경우 암보험이나 기타 건강보험 가입 시 연계특약이 있어, 진단금 또는 기타 특약의 가입금액의 배수를 적용해 그만큼 사망보험금을 설정하게 되어 있다. 다시 말해 나는 암 진단금만 가입하고 싶은데 암 진단금을 가입하기 위해서 불필요한 사망보험금을 가입해야 한다는 이야기다. 이렇게 되면 필요 이상의 보험료를 추가로 불입하게 된다.

이때 회사나 상품에 따라 다르지만 건강검진을 통해 우량체로 등록하면 사망연계 없이 고객이 원하는 담보만을 구성할 수 있다.

이는 회사와 상품마다 차이가 있으니 청약 전 먼저 확인해보는 것이 좋다.

② 보장기간이 막연하게 길다면 보장기간을 줄여라

"지금은 100세 시대! 모든 보장은 100세까지 받아야 한다." 과연 맞는 말일까? 보험이라는 원론적인 의미와 이야기로 넘어가서 다시 한 번 생각해보자.

보험을 가입하는 첫 번째 목적은 의료비를 충당하기 위함이며, 두 번째는 의료사고로 발생되는 치료기간 동안 소득상실로 인한 생활비를 대신하기 위함이다. 만약 40세 가입자라면 의료사고 시 병원비는 물론 최소한 자녀가 독립하기 이전까지의 생활비를 마련해야 하므로 보장금액이 클수록 좋다.

하지만 80세 노인이 의료사고로 치료받고 있다면 병원비 이외에는 딱히 필요한 비용은 발생하지 않을 것이다. 이런 상황에서 80세 이후의 진단금이나 수술금 또는 기타 정액보상들이 절실하게 필요할까?

보험금의 당위성을 놓고 보았을 때 무조건 길게 가져가기보다는 절대적으로 필요한 시기까지만 보장기간을 선택하면 된다. 자신의 상황에 맞게 보장기간을 선택하라.

③ 30년납, 80세납 등 납입기간을 늘려라

가장 많이 선택하는 보험료 납입기간은 보통 20년이다. 일반적으로 보험을 가입하는 나이가 30대부터라고 하면, 경제활동이 왕성한 시기에 보험료 납부를 끝내고 소득이 불확실해지는 그 이후에는 보장만 받겠다는 의미에서 납입기간을 이렇게 설정하는 것이다.

그러나 원하는 보장설계 시 보험료가 높게 산출된다면 보장을 줄이기보다는 납입기간을 20년납에서 30년납 또는 80세납 등 길게 가져가는 것이 좋을 수 있다. 보장은 그대로 가져가며 보험료 부담은 줄어들게 된다. 또한 납입기간을 길게 선택했을 경우 월 보험료의 부담이 줄어드는 것은 물론 납입면제 조건의 기회가 많아진다.

요즘은 어린이보험은 물론 성인보험까지 보험료 납입면제 조건이 있다. 이는 피보험자가 후유장해 50% 이상이거나 암 또는 중대질환 진단 시 차후 보험료에 대해 납입을 면제하는 조건인데, 납입기간을 길게 했을 경우 확률적으로 납입면제 조건에 해당할 확률이 높다.

다시 말하면 70세에 암에 걸린다고 하자. 그러면 30세에 가입한 사람이 10년납을 선택할 경우 이미 보험료를 납부한 상태이기에 면제받을 보험료가 없다. 하지만 80세납, 전기납을 선택했을 경우

[일반적인 보험료 납입면제 조건]

암	일반암으로 진단받았을 때
2대질병	뇌출혈(혹은 뇌졸중), 급성심근경색 진단을 받았을 때
장해	질병/상해 장해율이 50%(혹은 80%) 이상이 되었을 때
기타	기타 중대질병 진단 시(보험사, 상품마다 다름)

진단 이후 10년간 납입할 보험료를 납입면제 하거나 회사가 대납 해준다.

이처럼 보험료 부담 시 보장을 줄이기보다는 납입하는 기간을 줄여 동일하게 보장받으며 월 보험료 부담은 줄이는 방법이 있다.

납입기간을 길게 가져가는 방법은 특히 어린이보험에서 추천한 다. 성인보험에서 보장하지 않는 조건의 담보 구성들이 있기 때문 이다. 하지만 특약을 가입할 경우 보험료가 10만 원이 넘어선다. 이 경우 납입기간을 20년납에서 30년납으로 길게 가져가고 추후 자녀가 경제활동을 할 시기에 납입을 넘겨주는 것이 가입금액을 줄이거나 만기를 줄이는 것보다 유익하다.

④ 가입금액을 줄여라

보험설계를 하면서 고객들이 가장 많이 하는 말이 "싸게 좋은 걸로 해주세요"이다. '싸게, 많이, 좋게'라는 것은 사실상 자본주의 사회에는 존재하지 않는다.

설계할 때 가계의 경제상황, 소득 등을 전반적으로 계산하고 고객이 잘 유지할 수 있을 정도의 설계를 권장한다. 그러나 많은 고객들은 더 많은 보장을 받고자 한다. 예정된 보험료는 3만 원인데 10만 원 상당의 보장을 원하는 것이다. 당연히 불가능하다. 그렇다고 무리하게 보험료를 10만 원으로 책정해야 할까?

보험은 가입하는 것보다 유지하는 것이 무엇보다 중요하다. 합리적인 보험료 산출을 위해서는 특약의 가입금액을 낮추는 방법을 선택하라.

부담스러운 월 납입보험료를 조정하고 싶다면

　원하는 보장을 선택했는데 보험료가 높아 부담스럽다. 이럴 경우 어떻게 하는 것이 좋을까?

　특약을 그냥 빼면 되지 않냐며 쉽게 생각할 수도 있지만, 특약을 빼는 것이 맞는지 한 번 심각하게 고민해봤으면 좋겠다. 우리가 보험에 가입하는 목적은 보장을 받기 위함이다. 특약을 뺀다고 하면 과연 보험에 가입하는 의미가 있을까? 차라리 보험 자체에 가입하지 말고 보험료를 별도로 저축해서 의료사고 발생 시 그 돈을 쓰는 게 낫지 않을까?

납입보험료를 조정하는 방법은 가입자의 상황에 따라, 주기에 따라 다르다. 다음의 다양한 사례를 통해 납입보험료를 어떻게 조정하면 좋을지 알아보자.

✅ 납입기간으로 보험료를 조정하다

사회생활을 처음 시작하는 정수 씨와 1차 보험상담을 했다. 정수 씨의 현 재무상태를 파악하고 처음으로 가입하는 보험을 안내했다. 현재 정수 씨는 28살 미혼 남성으로 국내 대기업 중 한 곳인 L사에 근무하고 있으며, 연봉은 약 4,800만 원 정도다. 가급적이 보험 하나로 모든 보장을 받을 수 있게 해달라고 요청했고, 여러 번 손대지 않게 탄탄한 구성으로 설계하다 보니 20년납, 보험료 25만 원이 산출되었다.

그러나 정수 씨에게는 분양받은 아파트의 중도금 납부와 자동차 할부가 있었다. 또한 저축의 비중을 높이고 싶었기에 25만 원이라는 보험료가 다소 부담스럽게 느껴졌다. 다시 한 번 보험료를 낮출 수 있는 방법을 찾기 위해 상담을 요청했고, 필자는 담보를 삭제하거나 가입금액을 낮추는 방법보다는 납입기간을 20년납에서 30년납으로 늘리 것을 추천했다.

납입기간을 조정해 재설계하니 25만 원가량의 월 납입보험료가 18만 원으로 줄어들었다. 결국 정수 씨는 30년납으로 청약했다.

아직 나이가 젊고 향후 경제활동의 기간이 기대되는 사람에게는 매우 유용한 방법 중 하나라고 생각한다.

✓ 자신의 상황에 맞게 보험료를 조정하다

얼마 전 아들의 돌잔치를 끝낸 민주 씨는 그간 보험이 없었다. 자라나는 아이를 보며 자신에게 보험이 없다는 사실에 불안함을 느껴 보험을 준비하려고 알아보던 중, 고등학교 동창을 통해 보험에 가입했다.

민주 씨가 생각한 보험료는 10만 원 안쪽이었지만, 친구가 가져온 청약서의 보험료는 15만 원이 훌쩍 넘었다. 하지만 보장이 좋다는 친구의 말에 엉겁결에 보험청약서에 사인을 했고, 초회보험료가 인출되었다. 다시 생각해도 보험료가 부담스럽다고 생각한 민주 씨는 이대로는 안 될 것 같아 필자에게 상담의뢰를 해왔다.

설계서를 보니 모든 보장이 100세 만기로 설정되어 있었다. 사망보장도 5천만 원으로 높게 책정되어 있고, 암 진단금도 무리하게 5천만 원이나 가입되어 있었다. 결국 해당 계약을 철회를 하고 20년납, 90세 만기로 보장기간을 축소했다. 사망보장도 최저로 가입했다.

특히 암 진단금은 5천만 원이었던 것을 3천만 원으로 줄인 후 암특약만 보장기간을 80세로 줄였다. 암 진단금의 경우 과거와 달리 직장과 국가에서 매년 건강검진을 해주기에 진단시기도 그만큼 빨라졌으며, 진단금의 목적이 치료비가 아닌 생활비에 있음을 감안하면 막연한 100세 만기, 90세 만기는 사실상 필요가 없기 때문이다.

이렇게 담보와 만기를 조정해 민주 씨는 10만 원이 조금 넘는 보험료로 재설계해 청약했다.

✅ 결혼으로 달라진 상황을 감안해야 한다

33세 상훈 씨는 3년 전 결혼하면서 아내와 자녀를 위해 주계약 1억 원짜리 종신보험을 23만원에 가입했다. 결혼 초기에는 자녀도 없고 맞벌이라 보험료가 전혀 부담스럽지 않았다. 그런데 첫째가 태어나면서 아내가 맞벌이를 그만뒀고, 곧 둘째까지 태어나다 보니 지출을 줄일 수 있는 방법을 찾고자 상담을 요청했다.

가장으로서 상훈 씨의 역할은 매우 중요하다. 그렇지만 가계의 부담을 느끼면서까지 무리한 보험을 가져갈 필요는 없다. 어떻게 조정하는 편이 좋을까? 포인트는 자녀의 경제 독립 시점이다.

둘째가 경제적으로 독립하는 시점을 계산해보니 상훈 씨가 65세가 되면 둘째의 나이도 32세가 된다. 당연히 상훈 씨의 사망보장의 필요성은 지금보다 많이 줄어들게 된다. 이런 이유로 기존 종신보험을 1억 원에서 5천만 원으로 감액하고, 추가로 65세까지만 보장받는 주계약 1억 원짜리 정기보험을 가입했다. 이때 정기보험을 가입하는 데 필요한 보험료는 4만 원~ 정도다.

이렇게 준비한다면 자녀가 경제적으로 독립하는 시점까지 혹시 모를 상훈 씨의 사망보장에 있어서는 부족함 없이 준비가 된다. 그리고 기존 납부하던 보험료보다 7만 원 이상의 보험료도 줄일 수 있다.

보험가입 후
리모델링이
필요한 이유

이번에는 보험 리모델링에 대해 이야기를 해보자. 보험에 가입하지 않은 사람들은 아마 없을 것이다. 그런데 혹시 자신이 가입한 보험이 어떤 보장을 어떻게, 언제까지 하고 있는지 알고 있는지 묻고 싶다.

또는 가입한 상품이나 보장이 목적에 맞게 가입되어 있는가? 나는 이런 의도로 가입했는데 상품이나 설계는 전혀 엉뚱한 방향으로 되어 있지는 않은가? 10년 전 가입한 보험의 보장이 자녀를 둔 지금 시점에 부족하지는 않은가?

과거와 현재 직업이나 소득, 가족관계에 따라 보험의 구성과 보장금액은 달라져야 한다. 그렇기 때문에 과거에 가입한 보험을 재정비해서 부족한 부분을 채우고 불필요한 부분을 삭제해줘야 한다. 리모델링이 필요한 이유다.

✅ 새로운 것이 아닌 기존의 것을 고치는 리모델링

최초 가입한 보험은 리모델링을 하는 데 있어 뼈대라고 할 수 있다. 뼈대가 있으면 당연히 살을 붙여야 하지 않을까? 물론 튼튼한 뼈대는 기본 옵션이다.

많은 사람들이 리모델링이라고 하면 있던 보험을 해지하고 새로운 보험에 가입해야 한다고 생각하는데 그렇지 않다. 우리가 집을 리모델링한다고 해서 집을 부수고 새로 짓지 않는 것처럼 말이다. 기본적인 틀을 놔두고 부수적인 것들을 덧대며 고쳐나가면 된다. 단열이 부족하면 단열재를 보강해 단열이 잘 되게 하는 식으로 말이다.

보험도 마찬가지다. 기존에 가입한 보험의 보장이 좋다면 그 보장을 토대로 현금의 흐름, 가족 구성, 경제적 의존도에 따라 보장의 크기나 정도가 조절되어야 한다.

✅ 가족 구성 변화에 따른 리모델링

결혼 후 두 자녀를 둔 부부의 사례를 들어보자. 남편의 보험은 총각 때 어머니가 가입해준 보험으로, 암 진단금이 2천만 원으로 설정되어 있다. 과연 한 가정의 가장으로 이 정도의 보장으로 만족할 수 있을까? 그뿐만 아니라 사망보장이 5천만 원만 준비되어 있다면 어떨까? 가장을 잃은 가정에서 5천만 원으로 자녀를 언제까지 양육할 수 있을까?

이럴 경우 리모델링이 필요하다. 어린 자녀가 경제적으로 독립할 수 있을 때까지 사망보장과 암 진단금을 추가로 보완해주는 것이 좋다.

아내의 경우도 마찬가지다. 결혼 전 사회생활을 하면서 경제적으로 구속 받지 않고 보험의 필요성이 충분한 만큼 다소 부담이 되더라도 자신 이외의 지출할 곳이 없기에 적지 않은 보험료를 납부하는 경우가 많다. 또한 어머니의 지인이나 사무실로 찾아오는 설계사를 통해 자세한 설명도 듣지 않은 채 가입하기도 한다.

필자가 상담한 여성 고객의 경우 종신보험 보험료로 12만~15만 원을 내고 있었다. "왜 이걸 가입하셨나요?"라고 물어보니 "아니, 뭐 그땐 잘 몰랐고 엄마 친구분(또는 설계사)이 좋다고 하니까…"라며 얼버무리고 만다. 부모님이 알아서 가입해준 건데 결혼하면서 그냥 가지고 왔다는 고객도 있다.

만약 맞벌이라면 서로가 집안의 가장 역할을 하고 있는 것이니 무조건 나쁘다고 볼 수 없다. 소득 또한 어느 정도 보장되니 보험료 납입이 어렵지도 않다. 그런데 결혼하면서 전업으로 돌아선 여성이라면 이야기는 달라진다.

전업주부인데 불필요하게 사망보험금이 과하게 책정되어 있다면 당연히 가계에 부담일 수밖에 없다. 필자는 전업주부들의 사망보장금은 2천~3천만 원 정도면 충분하다고 생각한다. 아내가 사망한다고 해도 돈은 남편이 벌던 것이니 경제적인 어려움은 없다. 다만 아내의 빈자리를 대신해 어린 자녀를 보육해야 하기에 추가적으로 보육비용이 발생한다. 하지만 그런 이유로 사망보험금을 높게 책정해 무리한 보험료를 납입할 필요는 없다. 높은 보험료가 부담되어 가계 경제가 피폐진다면 보험이 무슨 의미가 있을까?

결혼 전에는 사망보험금 1억 원 또는 5천만 원으로 가입해도 보험료가 부담 없었지만 분유와 기저귀 값에 아이들 학원비까지 빠듯한 살림에서는 엄청난 부담이다. 그렇다고 해지해야 할까? 아니다. 이럴 경우에는 해지하기보다는 과하게 책정되어 있는 사망보험금을 2천~3천만 원 정도로 줄이면서 보험료를 낮춰 가져가는 것이 훨씬 효과적이다.

이처럼 리모델링이란 지금 현 상황을 확인하고 가입되어 있는 보험의 보장을 조정해주는 것이지, 보험료가 부담된다 해서 무조건 해지한다든가 자신이 처한 상황과 관계 없이 주변 사람들의 말만 듣고 무작정 가입하는 것이 아니다. 자신이 가입한 보험이 무엇이고 그 보험이 현재 상황에 어떻게 적용될지를 곰곰히 생각해서 리모델링 하길 바란다. 다음으로 어떻게 효과적으로 리모델링 할지에 대해 알아보도록 하겠다.

뺄 건 빼고 남길 건 남기는
보험 리모델링
필요 전략

리모델링은 앞서 말했듯 무조건 해지하고 새롭게 가입하는 것이 아니며 과하면 줄이고 부족하면 채우는 형식이다. 리모델링을 하기 전 첫 번째, 보험 가입시기를 먼저 확인하는 것이 좋다. 10년 전에 가입한 보험을 리모델링 한다고 해지 또는 감액해 새로운 보험에 가입한다면 100% 과거 가입한 보장만큼 좋은 보험을 가입할 수 없다.

예를 들어 과거 암보험에서는 생식기암, 갑상선암, 대장점막내암 등을 일반암으로 인정해 진단금을 전부 지급했다. 하지만 지금은 일반암이 아닌 소액암 또는 기타 경계성종양으로 분리해 차등 보장한다. 이처럼 무조건 감액하거나 특약을 삭제 또는 해지할 것이 아니라 현 보장과 비교해 조절하는 것이 좋다.

두 번째 리모델링을 왜 하는지 그 목적을 명확히 할 필요가 있다. 보험료를 줄이기 위해서인가, 아니면 보장을 키우기 위해서인가? 2마리 토끼는 잡을 수 없으니 선택해야 한다.

이 2가지만 기억하고 본격적인 보험 리모델링 사례를 살펴보자.

✅ 맞벌이 부부의 보험 리모델링

맞벌이 시절에 넉넉히 아내도 종신보험을 가입하고 남편 또한 종신보험을 가입했다. 그런데 자녀의 육아 문제로 아내는 전업주부가 되었고 월 소득 또한 줄어들었다. 이에 보험을 정리하고자 리모델링을 한다면 어떻게 해야 할까?

5년 전 둘이 합쳐 소득이 월 500만 원이던 동건 씨는 사망보장 5천만 원과 암 진단금 4천만 원이 보장되는 종신보험을 아내의 이름으로 가입해 매달 12만 원의 보험료가 통장에서 빠져나간다. 그러나 지금은 아내가 전업주부로 돌아서면서 외벌이로 소득이 350만 원으로 줄어들었다. 자녀의 육아비용은 물론 각종 공과금, 보험료 등을 감안할 때 보험료가 부담스럽다.

동건 씨는 아내의 종신보험을 해지하고 저렴한 5만~8만 원 정도의 건강보험을 가입해야 할까? 결코 그렇지 않다. 5년 전 가입한 보험을 해지하고 새로운 보험을 가입할 때 분명히 알아야 할 것은 가입 당시 나이보다 현재 나이가 5살이나 많다는 사실이다. 그리고 5년 동안 보험료는 매년 인상되었다.

5년 전에 1천만 원당 1만 원으로 산출되던 암 진단금이 보험료 인상과 종신보험 가입 당시보다 연령이 증가해 1천만 원당 1만 5천 원의 보험료가 산출된다. 이 경우 기존 종신보험을 해지하고 다시 가입한다면 암 진단금 3천만원만 가입한다 하더라도, 종신보험 가입 당시보다 가입금액은 줄었을 뿐 보험료는 상승했다. 만약 이렇게 리모델링을 한다면 전혀 득이 될 것이 없다. 지난 5년간 납입한 보험료의 손해는 물론 가입하는 보험의 보장과 보험료 또한 과거의 보험보다 못한 경우다.

기존보험				감액 후 보험		
항목	가입금액	보험료		항목	가입금액	보험료
주계약	5,000	54,000		주계약	2,000	21,600

동건 씨의 아내는 소득이 없는 전업주부로 사망보장의 역할이 줄어든 만큼, 사망보장을 3천만 원으로 감액, 암 진단금 또한 4천만 원에서 2천만 원 정도로 감액해서 유지하면 된다. 또는 불입기간이 일정 정도를 넘었다면 감액완납이라는 보험상품의 기능을 이

용하면 된다. 감액완납은 그동안 불입한 보험료의 해지환급금을 일시납 보험료로 대체 납입하면서 보장받아 가입금액을 낮추는 방법이다.

✅ 신혼부부의 보험 리모델링

이제 결혼 2년 차인 태인 씨는 보험을 싫어한다. 언제 보장받을지 모르는 보험에 가입해서 불입하는 보험료가 아깝다는 생각이 들어서다. 하지만 실비는 기본적으로 가지고 있어야 한다는 아내의 권유에 실비보험만을 가입해 유지 중이다.

태인 씨의 경우 실비보험을 준비함으로써 혹시 모를 의료사고 발생 시 지출되는 의료비를 대비할 수 있었다. 하지만 결혼을 하고 이제 막 돌이 지난 자녀를 두고 있는 지금, 가장으로서의 역할을 하기에는 실비만으로 턱없이 부족하다.

사망사고 시 남은 유가족에 대한 경제적 안정은 물론, 중대한 질병으로 인한 퇴직 시 발생할 수 있는 생활고를 생각한다면 사망보장은 물론 진단금 또한 매우 중요하다. 이에 태인 씨에게 종신보험에 주요 3대질환진단금을 추가로 가입을 추천한다. 또는 종신보험에 비해 보험료가 저렴한 정기보험을 통해 자녀가 성인이 되는 시점 또는 경제적으로 독립하는 시점까지는 안전장치를 마련해주는 것이 좋다.

✅ 자녀가 없는 부부의 리모델링

자녀가 없는 40대 부부가 지금 가입한 보험이 괜찮은 것인지를 확인하고 싶다며 상담을 요청했다. 만약 부족한 부분이 있다면 추가로 가입하고 싶다는 것이었다.

필자가 보험을 설계할 때 소득과 직업도 중요하게 생각하지만 부양할 자녀가 있는지를 먼저 본다. 의료실비 외의 보험에 가입하는 가장 큰 목적은 의료비가 아닌 생활비이기 때문이다. 자녀가 있는 경우 자녀를 양육하는 데 식비, 교육비, 의류비 등 큰 비용이 지출된다. 그래서 진단금 등을 높게 설정해야 의료사고 시 발생하는 소득상실을 사전에 준비할 수 있는데, 자녀가 없다면 굳이 높은 보장을 취할 필요는 없다.

부부 중 아내의 보험을 먼저 점검했다. 종신보험 18만 원에 가입되어 있고, 별도로 실비에 암진 단금과 뇌졸중, 급성심근경색 관련해 진단금을 2천만 원 보장해주는 손해보험 상품에 가입해 있었다. 맞벌이이기는 하나 생존 목적의 맞벌이라기보다 아직은 젊기에 일하는 것이라 할 정도로 부부는 자산을 형성하고 있었다.

그래서 18만 원 상당의 종신보험을 해지하고 실비와 진단금 정도만 유지하는 것을 추천했다. 사망보험금이나 무리한 진단금이 없다 하더라도 이들은 크게 경제적으로 타격을 입거나 지금의 경제활동이 절실하지 않기 때문이다.

이처럼 상대에 따라 상황에 따라 리모델링의 방향은 달라진다. 이 과정에서 피보험자의 위치나 현 재정상황을 고려해 그에 부합하는 컨설팅이 필요하다.

보험도 정기적인 점검이 필요하다

보험은 대부분 10년, 20년 이상 장기상품이기 때문에 처음 가입할 때보다 가입 후 기간이 지날수록 가입자의 나이, 건강, 직업, 소득 등은 물론, 시대 변화에 따른 환경 차이로 적절한 재검토가 이루어져야 한다. 20년 납입기간 동안 꼬박꼬박 납입해야 하는 돈이 있는데 그대로 내버려둘 것인가?
어떻게 해야 할지 모르겠다면 다음 7가지 원칙만 기억하라.

① 목적을 확실히 하라. 보험금 지급조건이 까다롭거나 납부금액에 비해 보험금이 많지 않다면 보험보다 저축을 준비하는 편이 좋다.
② 현재 가입한 보험과 보장을 잘 판단하라. 제대로 알지 못하고 중복보장하는 보험에 가입한다면 점검의 의미가 없다.
③ 보험 개수를 단순화하라. 필요보장을 위한 가입옵션이 중복될 수 있으니 내용이 비슷한 여러 보험상품에 가입했다면 확인해야 한다.
④ 보험 중복 여부를 확인하라. 특히 비례보상하는 실손보험 등은 중복 가입할 필요가 없다.
⑤ 보험금 지급조건이 까다로운 상품은 피하라. 특히 갱신형 상품의 경우 보험료는 계속 오를텐데 지급조건이 까다로우면 보험금을 지급받지 못할 수도 있다.
⑥ 재해나 사고보장에 현혹되지 마라. 발생확률이 지극히 낮은 사고들의 착시 현상을 보험사가 이용하고 있을 뿐이다.
⑦ 특정 보험사에 소속된 보험설계사는 피하라. 자기 회사 상품 위주의 주관적 비교로 오히려 무리한 상품을 유도할 수 있다.

자료: 주간동아 1035호

기존 보험을 점검받고 싶습니다

　34세 미혼여성인 유정 씨. 오래전 지인을 통해 보험에 가입했는데, 이 보험에 가입한 것이 잘한 일인지, 그리고 계속해서 보험을 유지해야 할지, 만약 부족한 부분이 있다면 어느 부분을 보완해야 하는지 알고 싶다. 유정 씨의 보장내용을 먼저 살펴보자.

[기존 보험]

구분	납입/보험기간	가입금액
기본		
상해사망	25년납 100세만기	5천만 원
상해고도후유장해		5천만 원
상해일반후유장해		5천만 원
특약		
상해사망	25년납 60세만기	5천만 원
상해고도후유장해		5천만 원
상해일반후유장해		5천만 원
상해 중증장해(50% 이상) 생활자금	25세납 70세 만기	1천만 원
뇌 · 내장손상수술비	25년납 80세만기	1천만 원
중대화상부식진단비	25년납 80세만기	1천만 원
[갱신형]상해흉터복원수술비	3년갱신 53년만기(80세)	500만 원
[갱신형]상해입원일당(1일 이상)	3년갱신 73년만기(100세)	3만 원
[갱신형]골절진단비(치아파절제외)	3년갱신 42년만기(80세)	20만 원
[갱신형]5대골절진단비	3년갱신 42년만기(80세)	30만 원
[갱신형]5대골절수술비	3년갱신 42년만기(80세)	50만 원
[갱신형]상해장기입원비(31일 이상)	3년갱신 73년만기(100세)	500만 원
질병사망	25년납 60세만기	3천만 원
질병사망	25년납 80세만기	1천만 원

질병고도장해재활자금	25년납 70세만기	1천만 원
[갱신형]암진단비(일반암)(갱신용)	3년갱신 53년만기(80세)	2천만 원
[갱신형]암진단비(기타피부암)(갱신용)		200만 원
[갱신형]암진단비(갑상샘암)(갱신용)		200만 원
[갱신형]암진단비(상피내암)(갱신용)		200만 원
[갱신형]암진단비(경계성종양)(갱신용)		200만 원
[갱신형]암입원일당(일반암)(갱신용)	3년갱신 53년만기(80세)	4만 원
[갱신형]암입원일당(기타피부암)(갱신용)		8천 원
[갱신형]암입원일당(갑상샘암)(갱신용)		8천 원
[갱신형]암입원일당(상피내암)(갱신용)		8천 원
[갱신형]암입원일당(경계성종양)(갱신용)		8천 원
[갱신형]고액치료비암진단비(갱신용)	3년갱신 53년만기(80세)	2천만 원
[갱신형]질병입원일당(1일 이상)	3년갱신 73년만기(100세)	2만 원
[갱신형]질병입원의료비(D)	3년갱신 73년만기(100세)	5천만 원
[갱신형]질병통원의료비(4)	3년갱신 73년만기(100세)	30만 원
[갱신형][공제]자기부담금 (질병통원의료비(4))		1만 원
[갱신형]질병장기입원비(31일 이상) 3년갱신 53년만기(80세)		30만 원
[갱신형]5대장기이식수술비	3년갱신 53년만기(80세)	1천만 원
[갱신형]조혈모세포이식수술비	3년갱신 53년만기(80세)	1천만 원
[갱신형]만성당뇨합병증진단비(갱신용)	3년갱신 53년만기(80세)	500만 원

[갱신형]벌금(자가용)	3년갱신 53년만기(80세)	2천만 원
[갱신형]교통사고처리지원금(사망)	3년갱신 44년만기(80세)	3천만 원
[갱신형]중상해 교통사고처리지원금		3천만 원
[갱신형]교통사고처리지원금		1천만 원
[갱신형]방어비용(자가용)	3년갱신 53년만기(80세)	300만 원
[갱신형]방어비용(약식기소제외)(가자용)	3년갱신 53년만기(80세)	200만 원
[갱신형]견인비용(자가용)	3년갱신 53년만기(80세)	10만 원
[갱신형]자동차보험료할증지원금(자가용)	3년갱신 53년만기(80세)	20만 원

2009년 유정 씨가 삼○화재에서 가입한 보험은 회사의 특징상 갱신형이 유독 많은 상품이다. 피보험자가 82년생이고 가입을 2009년도에 했으니 가입 당시 나이가 25~26세. 그렇다면 굳이 갱신형을 선택하지 않고 비갱신형으로 준비를 하더라도 보험료의 부담은 없었을텐데 아쉬운 부분이 많다.

갱신형은 갱신주기마다 나이, 회사의 손해율을 반영해 보험료를 인상된다. 보장받는 동안 납입한다는 것을 생각하면 결코 유익한 보험은 아니다.

병원을 찾게 되는 시기가 통상 40대 후반에서 50대 초반이라고 한다면 그때쯤 보험료가 얼마가 되어 있을까? 모르긴 몰라도 지금보다 많이 높아진 보험료를 납부하게 될 것이다. 자칫하면 생각하지 않은 보험료의 부담으로 전반적인 가계 금융 포트폴리오가 깨질 수 있다.

어떻게 리모델링을 해야할까? 유정 씨의 기존 보장에서 우선 실비를 제외한 모든 갱신형 담보를 삭제한다. 그동안 납부한 보험료가 아깝다고 생각할 수도 있다. 하지만 갱신형은 '보장받는 동안 계속 납부'하는 것이며 한 달 한 달 보험료를 납입하면서 보장을 받는 것임을 생각하면 되며, 해지하는 순간이 만기라고 할 수 있다.

다만 실비는 2009년 상품으로 입원의료비 100% 보장, 통원의료비·진료비·약제비 구분없이 5천 원 공제 후 가입금액 한도 내에서 보장하는 구조는 매우 좋은 보장 형태이기에 꼭 유지하기를 추천한다.

그래서 필자는 다음과 같이 리모델링을 했다.

[리모델링 후 보험]

구분	납입/보험기간	가입금액
기본		
일반상해후유장해(3~100%)	20년납 90세만기	100만 원
일반상해사망	20년납 90세만기	100만 원
특약		
일반상해80%이상후유장해	20년납 90세만기	100만 원

질병80%이상후유장해	20년납 90세만기	100만 원
상해입원일당(1일 이상)	20년납 90세만기	3만 원
골절진단비(치아파절제외)	20년납 90세만기	100만 원
깁스치료비	20년납 90세만기	30만 원
화상진단비	20년납 90세만기	30만 원
상해수술비	20년납 90세만기	100만 원
암진단비(유사암제외)	20년납 80세만기	3천만 원
유사암진단비	20년납 80세만기	300만 원
양성뇌종양진단비	20년납 90세만기	500만 원
뇌졸중진단비	20년납 90세만기	2천만 원
급성심근경색증진단비	20년납 90세만기	2천만 원
질병입원일당(1일 이상)	20년납 90세만기	3만 원
질병수술비	20년납 90세만기	20만 원
자궁적출수술비 (여성생식기의암,제자리암)	20년납 80세만기	100만 원
21대질병수술비	20년납 90세만기	300만 원
말기신부전증진단비	20년납 90세만기	1천만 원
5대장기이식수술비	20년납 80세만기	2천만 원
조혈모세포이식수술비	20년납 80세만기	2천만 원
각막이식수술비	20년납 80세만기	2천만 원
신인공관절치환수술비(최초1회한)	20년납 80세만기	150만 원
가족일상생활중배상책임(갱신형)	3년갱신 최대90세만기	1억 원

리모델링을 통해 기존 보험을 조정하고 새롭게 추가하는 플랜의 특징은 갱신형이 없다는 것과, 암 진단금에서 기존에 가입했던 상품에서는 보장하지 않는 대장점막내암을 일반암으로 보장한다는 것이다. 또한 상해수술비나 질병수술비의 보장금액이 상향 조정되었으며, 2대질환 중 하나인 뇌혈관질환 보장에서 기존 뇌출혈 담보에서 뇌졸중으로 보다 넓은 범위로 보장한다.

보험료는 기존 보험을 조정해 유지하며 추가로 부담해야 하기에 다소 높다고 느낄 수는 있으나, 기존 리모델링 자체가 갱신형의 부담과 보장의 업그레이드였기에 현재 보험료 안에서 최적의 구성이라 이야기할 수 있다. 만약 보험료 부담을 줄이고자 한다면 20년납이 아닌 30년납을 선택해 월 납입보험료 부담을 줄이고, 다른 한편으로는 보험료 납입면제 혜택의 기회도 얻을 수 있다.

이미 가입한
태아보험을
갈아타야 할까?

2006년 태아보험에 가입한 지혜 씨는 지금이라도 100세 만기로 태아보험을 갈아타야 하나 고민 중이다. 당시에는 만기가 지금처럼 30세 만기나 100세 만기가 없던 시절이었기에 만기를 선택하기에는 매우 제한적이었기에 15년납 15세만기는 어쩔 수 없는 선택이었다.

지혜 씨가 가입한 태아보험의 보장은 다음과 같다.

기본계약 15년납 15세만기 1천만 원

일반상해후유장해추가담보 5천만 원, 다발성소아암진단급여금담보 5천만 원, 다발성소아암이외의암진단급여금담보 2천만 원, 3대장애위로금담보 1천만 원, 장기이식관련담보 5천만 원, 조혈모세포이식급여금담보 2천만 원, 양성뇌종양진단급여금담보 300만 원, 심장관련소아특정질병진단급여금담보 800만 원, 대중교통이용중교통상해후유장해담보 5천만 원, 비탑승중교통상해후유장해담보 5천만 원, 어린이12대다발성질병입원급여금담보 2만 원, 상해입원급여금(1일이상)담보 3만 원, 질병입원급여금(1일이상)담보 3만 원, 암입원급여금담보 10만 원, 암수술급여금담보 100만 원, 일반상해의료비담보 300만 원, 질병입원의료비담보(대체납입) 3천만 원, 질병통원의료비담보(대체납입) 10만 원, 식중독담보 100만 원, 골절화상진단급여금담보 30만 원, 자녀안심보험금담보 300만 원, 특정전염병위로금담보 50만 원, 자녀배상책임담보 1억 원

기존에 가입한 보험의 구성을 보면 15년납 15세 만기다. 현재 지혜 씨가 가입한 보험은 만기가 짧지만, 실비보험의 구조가 100% 보장하는 초창기 형태다. 실비를 100% 보장하는 구조는 최근 찾아보기 어렵다. 요즘은 만기가 과거보다 길어진 반면, 급여 90% 비급여 80%를 보장하는 실비 형태다. 지혜 씨가 고민이 많은 이유다.

과연 지금의 경우 어떻게 리모델링을 하는 것이 옳은가? 현재 피보험자의 나이는 만 13세다. 보험이 15년 만기인 것을 감안했을 때 아직 의료사고 기록이 없다면 만기 때까지 기다렸다 가입해주

는 것보다 지금 완전하게 100세 만기로 갈아타기를 해주는 것이 좋다. 2~3년 뒤에 가입하는 것보다 보험료나 보장 측면에서 더욱 유리하다.

진단금 위주로
새롭게 구성되는
보험 리모델링

몇 년 전 지방의 한 박람회에서 인연을 맺은 지수 씨가 남편에게 실비 이외에는 딱히 보장받는 보험이 없다며 상담을 요청했다. 남편의 현재 연봉은 6,500만 원 정도며 세 자녀를 두고 있다. 남편의 보험이 너무 부실한 것 같아 점검을 받아보고, 진단금 위주의 새로운 구성으로 추가로 준비하고 싶다고 한다.

본 상품은 설계사를 통해 가입한 것이 아닌 전화(TM)상품으로 가입권유 전화를 받고 가입했다고 한다. 이 경우 컨설팅의 의미보다는 보험료에 기준하는 단순 짜 맞추기 보험설계가 대부분이다.

[기존 보험]

보장내용	납입/보험기간	가입금액
일반상해	25년/100세	1천만 원
상해80%이상후유장해연금	25년/100세	1천만 원
대중교통이용중상해	25년/100세	2억 8천만 원
질병사망	25년/80세	100만 원
암수술비I	25년/80세	100만 원
암수술비III	25년/80세	100만 원
7대질병수술비	25년/80세	100만 원
상해통원의료비:5천원공제(갱신형)	3년갱신/100세	30만 원
질병통원의료비III:5천원공제(갱신형)	3년갱신/100세	30만 원
상해입원의료비(갱신형)	3년갱신/100년	1억 원
질병입원의료비III(갱신형)	3년갱신/100년	1억 원
질병사망	10년/10년	1,900만 원

　지수 씨 남편의 보장내용을 살펴보면 암 진단금은 없고 암 수술비만 존재한다. 또한 보험료를 맞추기 위해 필요성이 낮은 대중교통이용중상해 특약이 무려 2억 8천만 원 가입되어 있다. 이는 실비를 가입하는 데 연계되는 상해사망 조건을 갖추기 위해 가입된 것임을 알 수 있다.

　위와 같은 설계안은 사실 실비를 제외하고 모든 담보가 부족하다고 할 수 있다. 또한 수술이나 입원 특약 등도 필요하지만, 3명의 자녀를 양육하는 데는 중증질환 진단 시 경제활동 중단으로 인해 소득상실 부분을 생각하면 진단금이 절대적으로 중요했다. 이에 아래와 같이 제안했다.

[리모델링 후 보험]

보장내용	납기/만기	가입금액
암진단비(유사암제외)(기본계약)	20년/80세	3천만 원
유사암진단비	20년/80세	600만 원 (통상 암진단금의 20%)
일반상해사망고도후유장해	20년/80세	100만 원
질병사망고도후유장해	20년/20년	1억 원
16대특정암진단비	20년/80세	2천만 원
뇌졸중진단비	20년/80세	2천만 원
급성심근경색증진단비	20년/80세	2천만 원

위 내용을 보면 암진단금과 뇌졸중, 급성심근경색을 주요 골자로 질병사망담보에 대한 부분을 보충했다. 기존 가입된 보험에서는 상해사망만 보장할 뿐 질병사망을 보장하지 않기에 이에 대한 준비가 필요하다.

질병사망의 보장기간을 보면 20년납 20년 만기로 구성되는데, 이는 셋째 자녀가 경제적으로 독립하는 시점까지를 기준으로 설계했기 때문이다. 당연히 보장기간이 더 길고 다양한 보장을 받으면 좋지만, 고객이 가용할 수 있는 예산에 맞춰 설계하는 데는 지금의 설계안이 주요 포인트를 잘 잡아주었다고 이야기할 수 있다.

PART
5

그래도 보험에 대해
궁금하다면
조금 더 보험을
파헤쳐보자

약관대출과 중도인출, 급전이 필요할 때 보험을 활용하라

　살다 보면 자녀의 대학등록금, 부모의 회갑이나 칠순, 이외에 목돈이 들어가는 다양한 이벤트로 인해 목돈이 필요할 때가 있다. 물론 이를 먼저 대비해 어느 정도의 예비비를 마련했다면 상관없지만, 세상에는 그러지 못한 사람들도 많다.

　이럴 때 금융권의 대출을 이용하는 것보다는 신용과는 무관한 보험사의 보험계약대출(약관대출) 또는 중도인출 기능을 활용해 갑작스럽게 필요한 목돈을 마련해보자. 보험회사에서 대출을 받을 경우 약관대출과 중도인출의 차이점을 알아야 한다. 급전이 필요할 때 보험해지보다 약관대출과 중도인출이 유리하지만, 이 두 기능의 차이를 알아야 적절히 활용할 수 있다.

영미 씨는 홀로 아이들 키우고 있는 싱글맘이다. 남편과 사별한 뒤 혼자 벌어 가계를 꾸리다 보니 경제적으로 많은 어려움이 있다. 회사를 다니고 있기는 하지만 250여만 원 남짓 되는 급여로 생활비와 자녀의 교육비, 그리고 대출까지 해결하려다 보니 저축은 꿈도 못 꾸고 있다. 혹여나 지인이나 친인척의 경조사가 있는 달이면 잔고가 마이너스되는 달도 부지기수였다.

이런 어려운 생활 속에서도 아이는 열심히 공부해 원하던 대학에 합격했고, 곧 대학생이 된다. 꿋꿋이 잘 자란 아이가 자랑스럽기도 했지만 영미 씨는 마냥 기뻐할 수만은 없었다. 500여만 원에 달하는 등록금 때문이었다. 당장 50만 원도 버거운데 500만 원이라니, 영미 씨에게 엄청난 고민일 수밖에 없었다.

지인에게 손을 벌릴까? 대출을 받아야 할까? 대출을 받는다고 해도 갚아나갈 수는 있을까? 이런저런 고민을 하던 영미 씨는 남편이 살아 있을 때 가입해두었던 보험을 떠올렸다. 보험계약대출을 받을 수 있다는 사실을 생각하며 콜센터에 전화를 걸었고, 가능 금액이 얼만지 확인하던 중 이자를 납입하며 빌려쓰는 '약관대출'이 아닌 '중도인출'이 가능하다는 것도 알았다.

약관대출은 가입한 보험을 담보로 돈을 빌리는 것이다. 보험의 보장은 유지하면서 해지환급금의 50~90%까지 빌릴 수 있다. 다만 금리는 보험가입 시점, 보험상품과 보험회사에 따라 차이가 있다. 보험상품의 예정이율에 따라 대출금리도 달라지니 확인하고, 자신에게 적용되는 대출금리를 꼼꼼하게 비교한 뒤 대출 여부를 결정하는 것이 좋다. 약관대출을 받은 후 보험계약이 끝나기 전에 대출을 갚지 못하면 보험회사는 계약을 해지하거나, 보험금을 지급할 때 대출 원금과 이자를 공제할 수도 있다.

중도인출이란 해지환급금 중 일부를 이자 또는 원금을 상환하지 않고 그동안 납입한 보험료의 일부를 찾아 쓰는 기능이다. 인출한 금액만큼 적립금이나 보장금액이 줄어들며, 가용할 수 있는 금액의 한도가 약관대출보다 적다. 인출금을 갚을 필요는 없지만, 찾은 금액만큼 추가로 내면 기존과 같은 보장을 받을 수 있다.

정리하자면 약관대출은 적립금과 보장금액이 줄어들지 않지만 이자를 내야 한다. 따라서 장기간 돈을 쓰기 위해 이자를 장기간 납입하는 것과 대출금 상환이 부담스럽다면 약관대출보다는 중도인출이 유리하다. 반면 중도인출은 이자가 없고 인출금을 상환하지 않는 대신 적립금이 감소하기 때문에 나중에 돌려받는 환급금이 줄어든다. 이 2가지만 알고 있다면 급전이 필요할 때 본인의 상황에 맞게 보험을 효과적으로 사용할 수 있을 것이다.

정기소득이 없는
은퇴자를 위한
보험관리법

    은퇴자들에게 가장 부담이 되는 것이 의료비다. 연금소득이 있는 자와 없는 자, 정기소득이 없는 자산가, 노후가 준비되지 않은 은퇴자 등 여러 부류가 있겠지만 누구나 할 것 없이 의료비에 대한 걱정은 많을 것이다.

    우리나라 노인 1인당 연간 약 330만 원의 의료비를 지출하고 있다고 한다. 보건복지부와 건강보험심사평가원 통계에 따르면 2016년 65세 이상 의료비는 2006년 6조 566억 원에서 24조 5,643억 원으로 4.1배 늘었다.

이처럼 의료비가 증대됨에 따라 노후를 보장하는 보장성 보험 또한 수요가 늘고 있다. 하지만 명심해야 할 것이 있다. 은퇴 후 고정지출을 줄이는 것이 가장 중요하며, 고정지출 안에는 보험료 또한 포함되어 있다는 사실이다. 무작정 보장을 좋은 것을 찾기보다 은퇴 후에도 부담할 수 있는 수준의 보험료를 고민해야 한다.

만약 은퇴 후까지 보험료를 납부해야 한다면 갱신형을 선택하기보다는 보험료가 균일하게 나가는 연납 형식 상품을 눈여겨보자. 갱신형을 선택할 경우 최초 가입 시 예상한 보험료에서 점차 인상되기 때문에 보험료로 인해 계획했던 금융 포트폴리오가 깨지기 마련이다. 정작 보장받아야 할 시기에 보험을 유지하지 못하는 경우가 발생할 수 있으니 주의하자. 보험료 납부가 어려워 보험을 해지하면 그동안 납부한 보험료의 손실은 물론 추후 의료사고에 대해 무방비 상태가 되기 때문에 갱신형 상품은 매우 신중하게 가입해야 한다.

어쩔 수 없이 갱신형을 선택해야 한다면 1년, 3년 등의 짧은 갱신주기보다는 10년, 20년처럼 갱신주기가 긴 것을 선택하는 것이 유리하다.

실버보험, 가입해야 할까?

TV만 틀어도 묻지도 따지지도 않고 가입할 수 있는 '실버보험'에 대한 광고가 쏟아진다. 나이도, 건강상태도 묻지 않고, 가입만 하면 장례비부터, 골절, 각종 상해사고 시 보상을 해준다며 소비자를 유혹한다. 심지어 자식들에게 나중에 부담을 주지 않으려면 꼭 가입해야 한다고 외친다.

고령자들이 별도의 심사 없이 가입할 수 있는 무심사보험에 가입할 때는 꼼꼼히 따져봐야 한다. 무심사보험은 일반적인 보장성 보험과 다르다. 보통 사망 시 보상을 받는 내용으로 구성되어 있는데, 가입 후 2년 이내 사망하면 가입액보다 낮은 보험금을 지급한다. 또한 갱신시점에 보험료가 크게 오를 수도 있다.

가입이 편리하다는 이점을 내세워 고령자들의 가입을 유도하지만, 그 보장을 온전히 받기 어려운 실버보험. 노후를 대비하고 싶다면 실버보험보다는 차라리 저축하는 것이 낫다.

보험상품의 기능을 활용해 위기를 벗어나라

✅ 보험료 지출을 줄이는 감액완납제도

재용 씨는 10년 전 친구를 통해 주계약 1억 원에 월보험료 10만 원을 납입하는 종신보험에 가입했다. 지난 10년 동안 직장도 잘 다니고 소득에도 특별한 문제가 없어 가입한 종신보험 유지하고 있었다.

그런데 어느 날 잘 다니던 직장이 경영난으로 인해 부득이하게 감봉하게 되었고, 재용 씨는 대출과 카드값, 부모님 용돈 등으로 생활이 어려워졌다. 경제적 어려움을 겪다 보니 가입한 보험을 해지하려고 담당 설계사였던 친구에게 연락하게 되었고, 친구는 재용 씨에게 감액완납제도에 대해 알려주었다.

감액완납이란 월 보험료 납입을 끝내는 대신(완납), 보상금액을 줄이는 것(감액)이다. 보험 보장기간이나 보장내역은 그대로 유지된다. 다만 한번 감액완납을 신청하면 다시 이전 계약으로 되돌릴 수는 없다.

재용 씨는 친구의 조언대로 기존에 1억 원으로 설정한 주계약에 대해 5천만 원으로 감액 후 차후 납입하게 될 보험료를 완납하는 조건으로 변경해 추후 보험료 지출을 줄일 수 있었다.

✅ 환급금 일부를 보험료로, 유니버셜 기능

선아 씨는 새내기 주부다. 직장생활을 할 때는 나름 회사에서 인정도 받고 높은 연봉을 받는 인재였다. 하지만 결혼을 하고 바로 임신을 하게 되어 현재는 육아휴직을 하고 집에서 태교에만 집중하고 있다.

아무래도 휴직기간에는 급여가 다소 적게 나오다 보니 선아 씨는 한 푼이라도 아낄 방법을 고민하고 있었다. 그러다 2년 전 가입한 보험이 떠올랐다. 선아 씨는 고객센터로 전화를 걸어 기존에 가입한 보험을 해지하거나 줄일 방법을 알아보던 차 유니버셜 기능을 알게 되었고 선아 씨는 이 기능을 통해 육아휴직 1년 동안 보험료를 납부하지 않고 가입한 보험을 유지할 수 있었다.

지금처럼 선아 씨가 활용한 유니버셜 기능이란 어떤 것인가? 최근 유니버셜(Universal)이라는 이름이 붙은 상품들이 많다. 보통 생명보험사 상품에 탑재된 이 유니버셜 기능은 계약자가 한시적으로 보험료 납입이 어려워졌을 때 그동안 납입한 보험료에서 발생한 환급금을 토대로 앞으로 납부해야 하는 보험료의 일부를 대체납입하는 기능이다.

통상적으로 대체납입 기능을 활용하기 위해서는 24회 의무납입기간이 따르며, 대체납입을 신청하면 해지환급금이 점차 줄어들게 된다. 대체납입보험료는 보험계약 체결 당시 보험료에 대체납입을 위한 사업비가 추가로 부가되어 납입하는 것인데, 납입기간에 따라 대체납입기간이 다르며 환급금이 더 이상 없을 때는 계약이 소멸될 수 있다. 따라서 유니버셜 기능을 지속적인 기능으로 생각하기보다는 한시적 기능으로 인지해야겠다.

보험계의 만능 재주꾼, 유니버셜 보험

유니버셜 보험은 보험료의 납입, 적립, 인출이 자유로운 보험이다. 보험상품의 보장성에 유연성과 유동성까지 결합된 상품이라고 할 수 있다. 앞에서도 잠깐 살펴봤지만 유니버셜 기능을 3가지로 정리해보자.

① 중도인출
납부한 보험료를 해지환급금의 일정 비율 이내에서 인출할 수 있다. 갑작스럽게 목돈이 필요한 경우 유용하게 활용해보자. 상품별로 횟수 제한이 있을 수 있으며, 중도인출 시 해지환급급과 보장금액이 축소된다.

② 납입유예
보험료 납입이 어렵다면 일시적으로 보험료를 내지 않는 기능이다. 의무납입 기간이 지나야 사용할 수 있는 기능이기도 하다. 다만 납입유예가 되면 해지환급금과 만기환급금이 줄어든다.

③ 추가납입
여윳돈이 생겼다면 추가납입을 통해 보장을 강화해보자. 추가납입 한도는 상품별로 다르다. 보장을 강화할 수 있을 뿐만 아니라 연금액을 늘릴 수 있다.

반복되는
보험회사의 4월,
4월 전 보험에 가입하라

　일반회사의 경우 1년의 기준을 1월부터 12월로 한다. 하지만 보험회사는 2013년도까지 회계연도를 4월부터 다음 해 3월 31일을 기준으로 했다. 회계시스템이 전산화되어 있지도 않았을뿐더러 이를 처리할 수 있는 회계사의 수도 적어 업종마다 회계연도 기준을 다르게 정했다는 것이 업계의 설명이다. 그러다 보니 보험회사의 상품 또한 회계연도 기준에 맞춰 매년 4월에 새로운 상품이 출시되거나 지난해 손해율을 적용해 보험료 인상을 거듭해왔다.

물론 지금의 회계연도는 일반적인 회사와 마찬가지로 1월부터 12월로 동일하지만, 상품변경 및 보험료 변동, 예정이율 인하 등은 과거의 회계연도를 기준으로 매년 4월에 이루어지고 있다.

　'상품이 변경되고 보험료가 변동된다'는 것은 '보장의 폭이 좁아지고 보험료가 인상된다'라고 봐도 무관하다. 그래서 항상 3월이면 판매중지, 보험료 인상 등을 앞세워 절판마케팅으로 특수를 누리기도 한다.

　고객 입장에서 봤을 때도 가급적 4월이 되기 전에 보험에 가입하는 것이 좋다. 가입하고자 하는 보험이 있다면 4월이 되기 전 가입하자.

직업에 따라
보험의 가입형태가
달라진다?

　보험은 고객이 벌어들이는 수입으로 설계하는 것이 아니다. 보통 수입의 몇 %를 보험료로 지출해야 한다는 조언을 하는데, 말도 안 되는 소리다.

　수입이 다른 2명을 예로 들어보자. 한 명은 월수입이 500만 원이고, 다른 한 명은 200만 원이다. 일반적으로 수입의 10% 정도를 보험료라고 말하는데, 500만 원을 버는 사람은 그럼 50만 원의 보험료가 책정된다. 500만 원을 버는 사람의 한 달 지출을 살펴보자. 대출이자가 50만 원, 두 아이의 유치원 비용 140만 원, 생활비

200만 원, 아이들을 봐주는 부모님 용돈으로 50만 원, 저축을 안 할 수는 없으니 적금 50만 원 등 남는 게 없다. 그런데도 무리하게 50만 원을 보험료로 지출해야 할까?

200만 원을 버는 사람은 집도 있고 차도 있고 다 있는데, 연금이 없어 걱정이다. 월수입이 적으니 자신에게 사고가 생기면 가족들이 힘들어지는 것은 당연지사, 결국 보험은 사망보장 위주로 해서 보험료로 20만 원을 지출하고 있다. 무려 수입의 10%다. 이들은 잘못된 선택을 한 것일까? 가장 우선되어야 하는 것은 수입보다 고객의 현 상황과 직업이다. 보험설계는 그다음이다.

① 공무원 또는 공사

공무원 또는 공사에 재직하는 사람들처럼 안정적인 직군에 있다면 의료사고가 발생하더라도 병가 등으로 시간을 어느 정도 확보할 수 있다. 복직 또한 일반 회사에 비교해 수월한 만큼 휴직도 부담스럽지 않을 수 있다.

국가의 보장범위가 커지고 있는 의료비는 환자가 부담하는 금액이 적다. 그마저도 실손의료비로 대부분 충당이 된다. 즉 안정적인 직군의 사람이라면 생활비를 목적으로 하는 진단금이나 중대 수술에 대한 보장의 가입금액을 무리하게 높여 가입하지 않아도 된다는 이야기다.

② 일반 직장인 또는 자영업자

건강에 문제가 없어도 언제 잘릴까 걱정할 수밖에 없는 직장인과 건강이 수입과 직결되는 자영업자는 의료사고를 걱정하지 않을 수 없다.

이런 사람들은 암 진단금을 탄탄하게 준비해주는 것이 좋다. 암 투병으로 인해 직장에 근속하기 어렵거나, 자영업자는 장사를 포기해야 하는 경우가 발생한다. 이때 가계의 경제적 위험까지 보장을 받아야 하므로, 이를 감안할 필요가 있다.

직장인이라면 체계적인 건강검진 시스템 덕분에 조기에 암 발견을 하게 되었지만 퇴직도 조기에 할 수 있음을 염두에 두어야 할 것이다.

할증과
부담보
제도

실손보험 가입인구 3,400만 명. 2005년 실손보험이 본격적으로 판매되기 시작한 이후 실손보장에 대한 인식이 높아지면서 가입자는 꾸준히 늘어나고 있다.

과거의 전체 인구수 대비 실손보험에 가입한 사람이 많지 않아 회사는 병력이 없는 사람을 대상으로 청약을 인수했으나, 지금 현재 실손보험 가입자 수가 포화 상태에 이르자 기존에 거절대상이었던 유병자까지 인수하기 시작했다.

예를 들면 고혈압환자나 당뇨환자 등은 주위에서 어렵지 않게 볼 수 있다. 이들과 같이 현재 증상(현증)을 가지고 있는 고객이라도 1년간 의무기록 사본 또는 복용하고 있는 약의 봉투나 처방전 사진을 통해 수치 변화 또는 합병증 유무를 검토 후 인수하는 것이다.

이때 건강한 보험가입 대상자와 달리 가입할 수 있는 특약을 제한하거나 가입금액을 축소하고 보험료를 할증해 인수한다. 할증은 과거 병력으로 인해서 보험회사의 손해가 많을 것을 예상해서 건강한 사람보다 보험료를 비싸게 측정하는 것을 말한다.

또한 과거 병력 기록이 있는 가입자에 대해 치료 이력을 가지고 있는 부위를 보장하지 않는다는 전제조건의 부담보를 설정해 인수를 승인하기도 한다. 부담보 기간은 2년 또는 5년 길게는 전기간 부담보를 잡기도 한다.

종종 과거 병력이 있던 부위를 보장받고자 보험에 가입하려는데 회사는 보장에서 그 부분을 제외한다는 부담보 설정이 인수규정을 내렸다 해서 보험가입을 기피하는 사람이 있다. 그러나 이것은 매우 잘못된 생각이다. 우리 몸에는 수천 수만 가지 질병이 있으며 무수히 많은 의료사고를 내재하고 있다. 그런데 그 한 가지 때문에 더 크고 중대한 보장을 포기한다는 것은 어리석은 생각이다. 부담보가 잡히더라도 다른 보장을 위해 감수하고 준비하는 것이 바람직하다.

유병력자 실손보험을 알아보자

유병력자 실비보험 상품의 특징은 3가지다. 가입 시 심사항목이 기존 18개에서 6개로 축소되었고, 최근 5년간의 입원이나 수술 등의 치료이력 심사 기한을 2년으로 줄였으며, 최근 5년간 심사하는 중대질병을 기존 10개에서 1개(암) 밖에 보지 않는다. 유병력자 실손의료보험 주요 가입요건은 다음과 같다.

구분	기존 실손의료보험	유병력자 실손의료보험
5년	암, 백혈병, 고혈압, 당뇨병, 심근경색 등 10대 질병(진단, 치료, 입원, 수술, 투약 여부)	암(진단, 입원, 수술, 치료 여부)
5년	입원, 수술, 7일 이상 치료, 30일 이상 투약 여부	입원, 수술, 7일이상 치료 여부
1년	추가검사를 받았는지 여부	가입심사 요건 아님
3개월	약물(수면제·진통제 등) 상시복용 여부	가입심사 요건 아님
3개월	질병 확정진단, 질병 의심소견, 치료, 입원, 수술, 투약 여부	입원 필요소견, 수술 필요소견, 치료, 추가검사 필요소견 여부

유병력자 대상이므로 가입조건에 대한 부담이 일반인보다는 크다. 비록 건강한 사람에 비해서 가입조건이 조금 좋지는 않지만, 가입이 아예 불가능한 것보다는 선택지가 하나 더 있다는 이점이 있다.

자료: 경제스터디

문재인케어,
더 이상 실손보험은
필요치 않은가?

　문재인 정권이 들어서면서 정부는 환자 부담액을 대폭 줄이고 기존 비급여 항목 중 300여 항목에 대해 급여로 전환해 환자의 치료비 부담을 줄인다고 한다. 의료비로 인한 메디푸어(Medi-poor)를 방지하고자 건강보험을 대대적으로 손보기로 한 것이다. 일명 '문재인케어'라고 한다.

　OECD 가입국 기준 의료비에 대한 환자 부담액은 평균 20% 수준으로, 80%를 국가가 보장함에 따라 국민의 의료비 부담을 줄이고 누구나가 편하게 의료 서비스를 받을 수 있도록 하고 있다. 우리나라의 경우 2000년 당시 42.3%였던 의료비 본인부담률이 지속해서 줄어들어 2006년에는 36.9%까지 감소한 것으로 나타났다. 하지만 이 수치는 OECD 평균인 19%보다 1.9배나 높다. 프랑스는 6.7%, 미국 12.8%, 독일 13.2%, 덴마크 14.4%, 일본 14.3%로 우리나라에 비해 의료비 본인부담률이 낮아 대조를 이룬다. 의료선진국들에 비교해 우리나라 국민의 의료비 부담이 크다는 결론이다.

이 때문에 몸이 아파도 치료받기를 꺼리거나 병원비의 부담으로 극심한 경제난을 겪는 사람들이 적지 않다. 그래서 우리는 국가가 보장하는 급여 항목 이외에 환자가 부담하는 비급여 부분의 의료비 부담을 덜기 위해 실손보험을 개인적으로 준비한다.

국가가 보장하는 의료비 서비스가 강화됨에 따라 환자가 부담하는 의료비는 점차 낮아지고 있다. 그렇다면 실손보험은 더 이상 필요하지 않을까? 그렇지 않다.

여기서 우리가 알아야 할 것이 있다. 선진 복지국가에서도 의료사고 발생 시 기본적으로 해야 할 것들에 대해서만 급여가 되며, 그 이외의 선택 진료는 역시나 비급여 항목으로 환자가 부담해야 한다. 100% 국가 보장이라는 캐나다를 예를 들면 진료비에 대해서는 국가가 보장하지만, 6인실을 기준으로 그 위 등급의 상급병실이나 약제비 등은 모두 환자가 부담한다.

또한 문재인케어는 기존 비급여 항목 중 4천여 개의 항목을 급여로 전환하는데, 비급여 항목은 급여로 전환되는 4천여 개 이외에도 많다. 즉 나머지 비급여 항목들에 대해서는 여전히 환자가 부담해야 한다는 이야기다.

지금 현재 비급여로 지정된 의료비 항목들이 워낙 많아 해당 항목 진료비에 대해 보상하는 보험회사의 실손의료비 손해율이 높아지고 있는 만큼, 비급여 항목이 줄어들면 회사의 손해율이 낮아져 실손의료비 특약의 보험료 또한 함께 낮아진다.

더욱이 국가가 보장하는 의료비 구조는 정권이나 정부에 따라 변동될 수 있는 만큼 여전히 우리에게는 실손보험이 필요하다.

혈압약을 복용해도
실비보험에
가입할 수 있을까?

오래전부터 고혈압약을 복용 중이던 67세 고객이 실비보험이 없는데 가입할 수 있냐며 문의해왔다. 혈압약을 복용한다 해서 실비보험에 가입되지 않거나 하지는 않는다. 과거와 달리 '유병자 플랜'이라 해서 별도의 상품으로 판매되고 있다.

다만 약을 복용하지 않는 사람과 동일한 보장이지만 보험료는 할증 인수되어 높게 산정된다. 쉽게 건강한 사람이 가입하면 보험료가 3만 원이 산출되는 반면, 혈압약을 복용할 경우 7만~8만 원 정도로 인상된다.

67세 고객의 경우 과거 가입하고 납입이 완료된 암 진단금과 수술, 입원 등을 보장하는 건강보험을 가지고 있었지만, 실비가 없어 불안해했다. 하지만 필자는 단호하게 실비에 가입하지 말라고 조언했다. 차라리 보험료만큼 저축을 하라고 말이다.

이유는 67세라는 나이였다. 가입이 안 되서 문제가 아니라 경제적으로 소득이 없는 상황에서 높은 보험료를 부담한다는 것이 더 문제였다. 또한 실비는 매년 갱신되면서 보험료가 인상되는데 이를 감당할 수 있을지도 문제였다. 그리고 납입하는 보험료 대비 보장을 받을지도 사실은 미지수였기에, 보험료만큼 저축해 치료비로 활용할 것을 권했다.

사실상 비급여에서 급여로 전환되는 의료비 항목들이 많아 부담이 크지 않은 요즘, 기존에 가입된 보험만으로도 충분히 의료비를 충당할 수 있어 보였기에 할 수 있는 조언이었다.

보험금이
압류된다고?
당황하지 말자

보험금은 압류재산에 포함될까? 당연히 압류재산이다. 다만 모든 보험금을 압류할 수 있는 것은 아니다. 압류 여부는 저축성 보험인지 보장성 보험인지에 따라 나눠진다.

보험금 압류에 대한 법령은 다음과 같다.

민사집행법 제246조(압류금지채권)

1. 법령에 규정된 부양료 및 유족부조료(遺族扶助料)

(중략)

7. 생명, 상해, 질병, 사고 등을 원인으로 채무자가 지급받는 보장성보험의 보험금(해약환급 및 만기환급금을 포함한다). 다만, 압류금지의 범위는 생계유지, 치료 및 장애 회복에 소요될 것으로 예상되는 비용 등을 고려하여 대통령령으로 정한다.

민사집행법 시행령 제6조(압류금지 보장성 보험금 등의 범위)

① 법 제246조제1항제7호에 따라 다음 각 호에 해당하는 보장성보험의 보험금, 해약환급금 및 만기환급금에 관한 채권은 압류하지 못한다.

  1. 사망보험금 중 1천만 원 이하의 보험금

  2. 상해·질병·사고 등을 원인으로 채무자가 지급받는 보장성보험의 보험금 중 다음 각 목에 해당하는 보험금

    가. 진료비, 치료비, 수술비, 입원비, 약제비 등 치료 및 장애 회복을 위하여 실제 지출되는 비용을 보장하기 위한 보험금

    나. 치료 및 장애 회복을 위한 보험금 중 가목에 해당하는 보험금을 제외한 보험금의 2분의 1에 해당하는 금액

  3. 보장성보험의 해약환급금 중 다음 각 목에 해당하는 환급금

    가. 「민법」 제404조에 따라 채권자가 채무자의 보험계약 해지권을 대위행사하거나 추심명령(推尋命令) 또는 전부명령(轉付命令)을 받은 채권자가 해지권을 행사하여 발생하는 해약환급금

    나. 가목에서 규정한 해약사유 외의 사유로 발생하는 해약환급금 중 150만 원 이하의 금액

  4. 보장성보험의 만기환급금 중 150만 원 이하의 금액

정리하면 질병이나 상해 등 보장성 보험에 대해서는 압류할 수 없으며, 사망보장의 경우 1천만 원까지 압류가 가능하다. 보험의 해지 또는 만기환급의 경우 150만 원 초과분에 대해 압류가 가능하며, 암이나 질병으로 보장받는 진단금의 경우 50%까지 압류할 수 있다.

정일 씨는 3년 전 1억 원가량 투자사기를 당했다. 채권 확보를 위해 민사소송을 제기했고 승소했다. 하지만 승소했다고 해서 법원이 돈을 받아다 주는 것은 아니기에 채권 회수는 채권자가 감당해야 할 숙제다.

다방면으로 채권 회수와 관련해 알아보던 정일 씨는 민사소송에서 승소했다면 법원에서 받은 판결문을 통해 재산명시신청을 하고 채무자의 재산을 확인할 수 있음을 알게 되었다. 곧바로 채무자의 재산을 확인했고, 그중 채무자가 가입된 손해보험과 생명보험이 있어 법원에 압류신청을 했다.

물론 보험을 압류한다 해도 당장 정일 씨에게 돈이 입금되는 것은 아니다. 보험금 지급사유 혹은 해지한 해지환급금이나 만기가 되어 만기환급금이 발생한 경우, 압류한 보험에서 채권을 회수할 수 있다.

옛날 보험이 정말 좋을까?
한눈에 보는
보장의 변화

우리가 흔히 보험을 두고 "옛날 보험만 한 것이 없다"고 이야기한다. 틀린 말이 아니다. 과거 보장이 현재 판매되는 그 어떤 상품보다 좋다.

예를 들면 생명보험사의 수술특약의 구성이 과거에는 1, 2, 3종으로 분류되어 보장했다. 2종 수술 중에 치조골이식수술이 포함되어 있는데, 이는 우리가 흔히 아는 임플란트 시술 시 행해지는 수술이다. 즉 1, 2, 3종으로 분류된 보험상품에 가입해 있다면 2종 수술보험금에 해당하는 보험금을 지급받을 수 있다.

대부분 사람이 가입하고 있는 실비의 경우 과거 입원제비용, 입원비, 수술비로 분류해 800만 원 한도 80% 보장구조를 가지고 보장을 했다.

그러다 2005년도 '100% 보장 5년 갱신' 상품이 출시되었고, 이후 2009년도 10월부터는 '90% 보장 3년 갱신'으로 보장이 축소되고 갱신주기가 짧아졌으며, 이후 '급여 90% 비급여 80% 보장 1년 갱신 15년 재가입'으로 변경했다. MRI, 비급여주사제, 도수치료에 대해서는 70% 보장으로 보장이 축소되고, 회사 손해율에 따라 15년 뒤 상품을 개정하고 개정된 상품으로 가입하도록 만들어진 것이다.

또한 2015년도까지 판매되던 실비의 통원특약에서는 응급실 이용 시 본인부담액을 제외하고 나머지 금액에 대해 보장한도 내에서 보장을 해주었지만, 2016년부터는 응급실 통원 시 응급과 비응급으로 구분해 응급 시 보장은 기존과 동일하지만 비응급 시 진료비에 대해서는 국민건강보험이 적용되지 않는 것을 감안해 진료비의 40%만 보장한다.

각 보험상품의 변화와 현존하는 상품을 보았을 때 보장의 차이가 있는 만큼 리모델링 시 기존 가입된 보험을 해지하고 신규로 가입할 때 조금 더 신중해야 한다. 충분히 좋은 조건의 보험 혜택을 보고 있는 상품에도 불구하고 무조건 해지 후 재가입을 하려 하거

[의료실비 변천사]

이료실비 표준화

구분	2005.9~2009.7	2009.8~2009.9	2009.10~	2013.01~	2015.09~	2016.01~ 2017.04~
일반상해 의료비	있음			없음		
입원 의료비	본인부담금 100%		90%(한도액 200만 원)	80%, 90% (한도액 200만 원)	급여: 90% 비급여: 80% (한도액 200만 원)	급여: 90% 비급여: 80% (한도액 200만 원)
통원 의료비	5천 원 공제		의원/병원/종합병원: 1/1.5/2만 원+ 약제비 (8천 원 공제)	선택형/표준형 선택가능	의원/병원/종합병원: 1/1.5/2만 원 or 급여 90%+비급여 80%금액과 중 공제금액이큰 것을 공제	의원/병원/종합병원: 1/1.5/2만 원 or 급여 90%+비급여 80%금액과 중 공제금액이큰 것을 공제
보장금액	3천만&10만 1억&30/50/100만	1억&30만	5천만&30만		5천만&30만	
갱신 시 보장금액	상동	5천만&30만 (본인부담 90%)	상동		변동(15년 재가입)	
갱신주기	5년		3년		1년	
보장기간	80~100세			100세		

나, 또 그렇게 하기를 권하는 보험설계사의 말은 절대 듣지 마라. 지금 보장받고 있는 상품과 가입할 상품의 보장을 확실하게 비교 후 신규보험에 가입하는 것이 좋다.

환급형과 소멸성, 가입 목적에 따라 선택하라

　만기환급이냐 소멸이냐? 우선 보험의 가입 목적을 생각해보자. 보험은 어떠한 사고가 발생했을 경우 나를 대신해서 그 피해를 보상하기 위함이다. 다시 말해 보험은 의료사고로 발생하는 금전적 지출을 막기 위함이지 특정 수익이나 금전적 이익을 얻기 위해 가입하는 것이 아니다.

　우리가 가입하는 보험을 기준으로 보통 만기라고 하면 80세 또는 100세다. 그렇다면 80세, 100세에 살아 있을지 알 수도 없지만 살아 있다면 나에게 그 돈이 크게 필요한 돈일까? 또한 그 돈을 쓰고 다닐 기력이 될까?

보장성 보험의 환급금은 80세, 100세가 되더라도 납입보험료의 100%가 넘지 않는다. 많은 사람들이 납입하는 보험료를 기준으로 했을 때, 특수 목적이 아닌 이상 환급금은 4천만 원을 넘는 일은 없다. 지금으로부터 향후 50년, 60년 뒤 4천만 원이 무슨 의미와 가치가 있겠는가?

차라리 보장받는 데 필요한 특약보험료와의 차액을 저축 후 보험기간의 만기 시점에 찾는 것이 환급형으로 가입했을 때보다 더 많은 금액을 환급받을 수 있을지 모른다.

동갑내기 친구 A와 B는 진단금 2천만 원이 보장되는 같은 회사의 같은 암보험에 가입했다. 다만 A는 소멸성으로 3만 원에 가입했고, B는 만기환급형으로 6만 원에 가입했다. 그렇다면 이들이 10년 뒤 암에 걸렸다고 가정했을 때 어떤 차이가 있을까?

우선 진단금 2천만 원은 동일하게 보장받는다. 하지만 둘은 납입한 보험료가 다르다. A는 10년 동안 3만 원의 보험료를 납입 총 360만 원의 보험료를 지출했고, B는 같은 기간 동안 720만 원의 보험료를 지출했다.

계산해보자. A는 진단금 2천만 원을 받기는 했지만 360만 원이라는 보험료를 회사에 지불했기에 이를 뺀 1,640만 원이 실제 보험사로부터 보장받은 금액이다. B는 진단금 2천만 원 중 보험료

720만 원을 뺀 1,280만 원을 실제 보장받은 격이 된다.

이처럼 보장을 받는 데 필요한 보험은 환급을 받기 위해 돈을 더 지불한다 할지라도 보장을 더해주는 것 아니기에 만기환급형보다는 소멸성으로 가입하길 추천한다.

순수보장형(소멸) vs. 만기환급형(환급)

구분	순수보장형	만기환급형
개념	보장기간이 종료되면, 이미 납입한 보험료의 환급 없이 보험계약이 종료	보험계약이 종료되면 계약자가 납입한 보험료의 일부 혹은 전부를 환급
장점	환급금이 없어 매월 납부보험료가 만기환급형보다 저렴	만기 또는 중도해지 시 환급금이 있음
단점	만기 또는 중도해지 시 환급금이 없거나 적음	순수보장형 대비 납입보험료가 높음

강조하지만 소비자 입장에서는 순수보장형이 좋다. 보험회사의 예정이율이 너무 낮기 때문이다. 만기환급형은 곧 저금리로 장기저축하는 것과 다를 게 없다.

보험사의
연금보험은
왜 있을까?

    단순하게 숫자로 볼 때는 예적금을 반복해나가면서, 흔히 '풍차돌리기'를 하면 사업비가 없어 이른 시일에 더 많은 돈을 모을 수 있을 것 같은데 과연 그게 가능할까?

    20년 뒤에 사용할 학자금이나 연금 등을 준비하는 데 적금으로 준비한다고 하자. 해마다 돌아오는 만기에 수령한 돈을 사용하지 않고 20년, 30년을 고스란히 예적금으로 가입할 수 있는가? 할 수 있다고는 말하지만 그렇게 해본 사람을 현실에서 찾아보기란 드물다.

설사 가능하다고 할지라도 저금리 시대에 적금이율은 2%대인데, 과연 물가상승률은 극복할 수 있을까? 단리인 적금이자와 복리인 변액 또는 연금을 비교하면 아래와 같이 시간에 따른 수익률이 계산된다.

[적금 vs. 펀드 vs. 변액 수익률 비교]

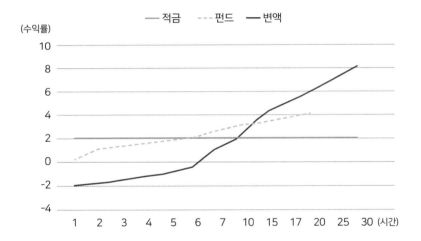

수직을 수익률로 보고 수평을 시간이라고 볼 때, 변액 또는 보험사 연금상품은 사업비를 떼기 때문에 처음에는 마이너스에서 시작한다. 하지만 단리인 적금과 달리 복리인 변액 또는 연금상품은 우상향이 기하급수적으로 늘어나는 것을 알 수 있다. 단순하게 그래프로 계산하는 것이 아닌, 실제로 생명보험협회 홈페이지 변액보험 상품 공시실에 가면 펀드 판매 이후 지금까지의 수익률을 한눈에 확인할 수 있다.

필자가 이야기하고자 하는 것은 장기 목적으로 무언가를 준비해야 한다면 여타 다른 금융상품보다는 변액연금이, 다른 어떤 상품보다 수익에서나 기능 면에서나 부족함이 없다는 것이다.

자신은 한 달에 10만~30만 원으로 더 높은 수익과 연금 없는 노후를 마련할 수 있다고 자신한다면 그렇게 하면 된다. 그러나 누구나가 다 그렇게 할 수 있는 것은 아니다.

변액은 관리해야 한다고 한다. 하지만 주식처럼 하루하루 지켜봐야 하는 것은 아니며, 펀드를 시시때때로 변경하거나 하지도 않는다. 전반적인 시장의 흐름과 적정한 시기에 추가납입을 활용해 수익을 극대화할 수는 있지만 처음 성장형이나 가치주 펀드에 설정 후 특별하게 관리할 것은 없다.

추가납입에 대해 조금 더 자세히 알아보자. 변액은 통상 설정된 보험료에서 12~14% 정도가 사업비로 나가게 된다. 다시 말해 10만 원의 보험료를 불입하면 10만 원 중 12~14%, 즉 1만 2천 원에서 1만 4천 원을 제외한 나머지 8만 8천 원 또는 8만 6천 원이 실질 투자금액으로 투입된다. 하지만 추가납입의 경우 사업비가 4~7% 정도로 훨씬 적게 나가 실질적으로 투자되는 금액이 더욱 커진다. 즉 같은 5% 수익일지라도 투자금액이 커진 만큼 수익률을 조금 더 극대화할 수 있다.

펀드 변경은 수시로 할 필요가 없다. 과거 금융위기와 같은 상황이 온다면 누적자산, 즉 그동안 불입해 쌓아놓은 자산은 채권으로 변경해주고, 매월 새롭게 불입하는 투입자산에 대해선 그대로 최초에 설정한 펀드에 투자하면 된다. 다시 주가가 상승할 즈음에는 채권으로 돌려놨던 누적자산을 주식형이나 주식성장형 등 가입 당시 설정한 펀드나 해당 회사 변액운용수익률이 좋은 펀드로 바꿔주면 된다.

변액을
가입해야 하는
이유

　30년 전 짜장면 값이 600원 정도였다. 지금은 보통 5천~6천 원이다. 그렇다면 향후 20~30년 뒤 짜장면 값은 얼마가 되어 있을까?

　금리상품에 가입했을 때 적용금리는 현재 2.0%이며 최저금리가 1%다. 반면 물가상승률은 해마다 4~5% 이상이다. 결국 돈의 가치는 해마다 3~4%씩 떨어지고 있다. 즉 지금의 1만 원은 먼 미래에는 1천 원의 가치도 안 될지도 모른다.

　오늘날 보통의 노후생활을 한다고 가정했을 때 평균 생활비를 계산해보면 1인 기준 150만 원이며 2인 기준 250만 원 정도라고 한다. 그렇다면 이 연금재원을 어떻게 마련할 것인가? 목돈을 모아 건물을 짓고 빌딩을 사는 등 여러 형태로 노후를 준비할 수 있겠지만, 보통의 근로소득자들에게는 사실 꿈만 같은 일이다. 근로소득으로 노후자산을 마련하기에는 그 문턱이 매우 높기 때문이다.

　넉넉하지 않은 자금으로 노후를 준비해야 한다면 물가상승률을 뛰어넘을 수 있는 수익률을 안겨줘야 한다. 예적금으로는 물가상승률 대비 실질금리가 마이너스이고, 주식이나 일반적인 펀드를 하기에는 리스크가 크다. 그래서 필자는 변액을 추천한다.

　변액은 펀드의 일종이지만 시장 상황에 따라 채권과 주식을 자유롭게 변경할 수 있으며, 또한 이미 가입된 변액의 수익률을 볼 때 물가상승률 이상으로 좋은 수익률을 보인다.

　관리적인 부분은 앞서 말했듯 펀드 개설 이후 현재까지 누적 수익이 좋은 펀드를 설정한다. 추후 금융위기와 같은 주식시장 폭락 사태가 올 경우 누적자산은 채권으로 변경해 주식시장과 상관없이 채권수익을 가져갈 수 있도록 설정하고, 매월 납부하는 보험료는 그대로 주식에 투입되도록 하면 된다.

　현재 변액 누적 수익률을 보면 다음과 같다.

[변액 누적 수익률]

보험사명 ▲▼	펀드명 ▲▼	설정일	기준가격	수익률(%)						누적 ▲▼
				1년 ▲▼	3년 ▲▼	5년 ▲▼	7년 ▲▼	10년 ▲▼	15년 ▲▼	
메트라이프	가치주식혼합형	2005-08-29	1,698.08	▲3.29	▲3.95	▲13.16	▲34.16	-	-	▲69.81
메트라이프	배당주식혼합형	2005-08-29	2,251.81	▲8.18	▲17.04	▲47.93	▲57.22	▲51.57	-	▲125.18
메트라이프	혼합안정형	2003-07-18	2,582.95	▲5.19	▲6.78	▲17.28	▲27.43	▲39.15	-	▲156.29
메트라이프	혼합형	2003-04-01	2,713.70	▲12.97	▲12.08	▲22.26	▲25.41	▲36.79	-	▲171.37
메트라이프	혼합형	2001-08-06	3,491.84	▲3.88	▲7.12	▲15.03	▲24.24	▲34.59	▲153.87	▲245.19

보험사명 ▲▼	펀드명 ▲▼	설정일	가준가격	수익률(%)						누적 ▲▼
				1년 ▲▼	3년 ▲▼	5년 ▲▼	7년 ▲▼	10년 ▲▼	15년 ▲▼	
미래에셋	배당주안정성장자산배	2005-12-26	1,795.72	▲2.48	▲17.57	▲42.40	▲41.11	▲41.21	-	▲79.57
미래에셋	배당주안정성장자산배	2005-04-24	1,703.29	▲3.00	▲13.05	▲45.91	▲44.72	▲45.93	-	▲78.33
미래에셋	인덱스혼합형	2005-07-18	2,254.44	▲16.91	▲18.97	▲30.67	▲36.03	-	-	▲125.44
미래에셋	인덱스혼합형	2005-08-05	1,994.30	▲16.54	▲15.13	▲25.20	▲24.76	▲42.79	-	▲93.43
미래에셋	인덱스혼합형	2005-07-18	1,835.08	▲13.00	▲13.48	▲23.57	▲23.08	▲31.02	-	▲83.51
미래에셋	인덱스혼합형50	2009-09-19	1,482.97	▲12.50	▲14.25	▲24.53	▲25.76	-	-	▲48.30
미래에셋	주식성장형	2005-08-05	1,858.17	▲6.94	▲10.67	▲13.97	▲13.10	▲13.04	-	▲95.02
미래에셋	주식성장형	2005-07-18	2,245.38	▲9.74	▲23.45	▲36.01	▲25.47	▲73.17	-	▲124.54
미래에셋	주식안정성장자산배분형	2005-12-26	1,868.50	▲3.95	▲24.18	▲40.16	▲36.40	▲38.51	-	▲85.85
미래에셋	주식안정성장자산배분형	2006-04-24	1,695.13	▲12.43	▲6.36	▲25.05	▲20.95	▲25.41	-	▲85.51
미래에셋	주식혼합자산배분형	2008-06-02	1,371.65	▲6.68	▲13.30	▲22.04	▲13.24	-	-	▲37.17
미래에셋	주식혼합형	2005-07-18	2,355.86	▲14.16	▲16.65	▲28.17	▲25.23	▲41.53	-	▲125.59
미래에셋	주식혼합형	2005-08-05	1,962.45	▲6.92	▲14.50	▲26.00	▲21.50	▲34.20	-	▲95.35
미래에셋	주식혼합형	2005-07-18	2,070.46	▲7.73	▲20.32	▲36.25	▲25.63	▲36.96	-	▲107.95
미래에셋	코리아블루칩혼합자산	2010-12-14	1,203.72	▲9.46	▲14.40	▲25.64	-	-	-	▲20.37
미래에셋	혼합성장형	2005-04-18	2,384.97	▲10.17	▲23.31	▲36.28	▲32.87	▲45.46	-	▲136.50
미래에셋	혼합안정형	2005-04-18	2,031.19	▲8.37	▲12.95	▲22.96	▲23.86	▲73.40	-	▲193.17

필자가 변액을 긍정적으로 보는 이유는 간단하다. 나라가 망하지 않는 이상 주식은 우상향하게 되어 있기 때문이다. 2008년 1월 코스피 지수가 1500포인트였다. 10년이 지난 지금 코스피 지수는 2400포인트를 훌쩍 넘어가고 있다. 이처럼 시대가 변하고 경제가 발전함에 따라 지수는 끊임없이 우상향되기에 노후자금이나 자녀의 교육자금 또는 결혼자금 등 10년 이상의 먼 미래에 목돈마련 재원으로는 변액만 한 상품은 없다고 생각한다.

보험에 가입하려는
사람들에게 전하는
마지막 한 마디

　　보험은 미래에 혹시 모를 의료사고를 대비해서 준비하는 금융상품이다. 특히 보장성 보험의 경우 보장을 받기 위함이지 만기에 환급을 받기 위해 가입하는 것이 아닌 만큼 소멸성으로 가입하길 추천한다. 또한 해지 시 원금을 환급하지 않는다는 것을 분명하게 생각하고 가계 경제에 부담이 되지 않는 선에서 준비하는 것이 좋다.

　　보험에 가입하려는 이유는 무엇인가? 어떤 목적으로 준비하는가? 예산을 얼마나 생각하는가? 사망보장을 준비할 때 종신보험과 정기보험 중 어떤 것이 나와 맞을까? 가장의 부재 시 사망보험금이 얼마나 필요할까? 보험에 가입하기 전 충분히 고민해봐야 하는 사항들이다. 고객 스스로가 공부하고 여러 설계사를 만나 충분히 상담받아야 한다.

자신에게 맞지 않는 보험에 가입하는 것은 보장의 기회를 박탈하는 것이며 기회비용까지 상실하는 것이다. 한두 해 납입하고 끝나는 일회성 지출이 아닌 장기간 불입해야 하는 만큼 신중하고 또 신중해야 한다.

마지막으로 내가 가입하게 된 보험을 납입기간 동안 잘 유지할 수 있는지 꼭 확인하기 바란다. 보험은 가입보다 유지가 무엇보다 중요하다. 나에게 필요한지, 가계현금흐름에 무리를 주지는 않는지, 보험가입 목적과 비용을 충분히 고려해 준비하길 바란다.

보험은 확률이다. 살아생전 한 번도 보험의 혜택을 보지 못할 수도 있다. 그렇다고 보험에 가입하지 않을 것인가? 구더기 무서워 장 못 담그는 일이다. 우리에게 필요한 것은 똑똑하게 보험에 가입하는 전략이다. 보험가입과 보장, 리모델링까지 이 책과 함께 꼼꼼하게 준비해나가자.

살아가는 데 꼭 필요한 최소한의 보험 상식

초판 1쇄 발행 2019년 8월 12일
초판 2쇄 발행 2020년 4월 1일

지은이 김용현
펴낸곳 원앤원북스
펴낸이 오운영
경영총괄 박종명
편집 최윤정 · 김효주 · 이광민 · 강혜지 · 이한나
디자인 윤지예
마케팅 안대현 · 문준영
등록번호 제2018-000146호(2018년 1월 23일)
주소 04091 서울시 마포구 토정로 222 한국출판콘텐츠센터 319호 (신수동)
전화 (02)719-7735 | **팩스** (02)719-7736
이메일 onobooks2018@naver.com | **블로그** blog.naver.com/onobooks2018
값 15,000원
ISBN 979-11-7043-005-6 03320